Communs et économie solidaire

Récits d'expériences citoyennes pour un autre monde

Mondes
en transitions

Sous la direction de
Fanélie Carrey-Conte et Philippe Eynaud

Communs et économie solidaire

Récits d'expériences citoyennes pour un autre monde

{ LES Petits matins }

Philippe Eynaud est également l'auteur de :

Vers une autre gestion (dir. avec Nathalie Lallemand-Stempak), Les Liens qui libèrent, 2022

Solidarité et organisation : penser une autre gestion (dir. avec Genauto Carvalho de França Filho), Érès, 2019

La Gestion des associations (dir. avec Corinne Vercher-Chaptal, Olivier Maurel et Julien Bernet), Érès, 2016

La Gouvernance entre diversité et normalisation, Dalloz, 2015

Conception graphique : Arnaud Lebassard
Couverture : Thierry Oziel
Maquette et correction : Sylvain Blandy
La collection « Mondes en transitions » est dirigée par Camille Dorival

Les petits matins
10, rue de Chantilly, 75009 Paris
www.lespetitsmatins.fr

ISBN : 978-2-36383-385-3
Diffusion : Interforum – Volumen
Distribution : Interforum

SOMMAIRE

AVANT-PROPOS

Par Fanélie Carrey-Conte et Philippe Eynaud

Ce livre prolonge une réflexion entamée en 2017 par le groupe « Communs et démocratie » de la Coop des communs, association de personnes physiques créée en 2016 pour croiser les univers des communs et de l'économie sociale et solidaire (ESS), grâce notamment aux apports conjoints de la recherche et des initiatives mises en œuvre, et à l'entretien d'une communauté apprenante et décloisonnée.

Le point de départ du questionnement de ce groupe, auquel nous voulons rendre hommage, a été la crise démocratique traversée par notre société, à travers l'évocation de plusieurs de ses symptômes : la perte de confiance des citoyens dans les institutions, particulièrement celles de la démocratie représentative ; la confiscation du pouvoir de décision des citoyens quant aux grandes orientations et aux choix relatifs à notre avenir collectif ; la faiblesse de la participation à la vie démocratique (vote, représentation dans les différentes institutions du corps social, place dans le débat public) d'une part importante de la population (personnes précaires, jeunes, minorités).

Face à ces constats, toujours d'actualité, la question suivante a été soulevée : en quoi les initiatives de l'ESS en lien avec les communs peuvent-elles venir renforcer et enrichir la démocratie ? Dans le prolongement de cette interrogation, les coordinateurs de ce livre ont poursuivi leurs réflexions autour de la transition écologique, qui ne peut selon eux advenir qu'à travers une dimension solidaire et une appropriation démocratique. Dès lors, leur est venue l'idée d'approfondir sous cet angle l'analyse des potentialités ouvertes par les initiatives situées au croisement de l'économie solidaire et des communs.

Le présent ouvrage entend ainsi donner de la visibilité à de telles expériences citoyennes, porteuses de formes nouvelles de participation, favorisant la cohésion sociale et les prises de décisions collectives, afin de mieux « faire société » et de tracer de nouveaux chemins pour un avenir soutenable et émancipateur.

INTRODUCTION
Communs et économie solidaire au cœur des enjeux de transition écologique et sociale

Par Fanélie Carrey-Conte et Philippe Eynaud

Fanélie Carrey-Conte est une actrice engagée de l'économie sociale et solidaire. Aujourd'hui secrétaire générale de la Cimade, elle a été précédemment secrétaire générale de la coopérative Enercoop et déléguée nationale de l'association L'Esper. Elle a également été de 2012 à 2016 députée de Paris. Elle est membre de la Coop des communs.

Philippe Eynaud est professeur en sciences de gestion à l'IAE de Paris, université Paris-1 Panthéon-Sorbonne. Ses domaines de recherche sont en lien avec la solidarité, le champ associatif, l'économie sociale et solidaire, les communs et la transition écologique. Il est membre de la Coop des communs et du Campus de la transition.

Notre époque est confrontée à la profonde perturbation des équilibres de la biosphère sous l'effet des activités humaines et de la surexploitation des ressources naturelles. Les évolutions sont rapides et menacent la stabilité du monde, sur les plans écologique, social et économique. Il nous faut collectivement faire face à l'urgence climatique, à l'effondrement de la biodiversité et aux fragilités systémiques croissantes qu'ils entraînent.

L'accord de Paris sur le climat signé en 2015 par l'ensemble des États du monde, qui visait à maintenir le réchauffement bien en dessous de 2 °C par rapport à l'ère préindustrielle, n'a malheureusement pas produit, pour l'instant, les effets escomptés. Les résultats des discussions dans le cadre des conférences des parties (COP) sur le climat et des COP sur la biodiversité restent quant à eux encore trop timides pour que nous puissions en espérer des bénéfices significatifs.

Nous battons ainsi chaque année de tristes records de chaleur. Partout dans le monde, les glaciers fondent irrémédiablement. Les méga-feux se multiplient sans que nous ayons la capacité de les arrêter. Nous sommes pris au piège entre le non-respect par les États de leurs engagements écologiques (reconnu en 2021 par le tribunal administratif de Paris dans le cadre de « l'Affaire du siècle[1] ») et l'insuffisance relative des réponses individuelles.

Mais la difficulté majeure de notre époque est que la question écologique ne vient pas se surajouter à la question économique : elle fait corps avec elle. La crise écologique naît du choix d'un développement économique fondé sur les énergies fossiles. Elle nourrit les inégalités entretenues par l'économie de marché et les renforce par des inégalités environnementales. Elle ne peut se résoudre que par le renoncement à l'individualisme qui demeure au cœur de la logique néolibérale. Or l'état de sidération qui caractérise nos sociétés est tel qu'il est désormais plus facile d'envisager la sortie de l'équilibre de la biosphère que celle du capitalisme…

Dans une grande confusion, les idées de l'extrême droite gagnent en influence dans de nombreux pays[2]. Outre les

1. En 2019, quatre associations de défense de l'environnement regroupées dans le collectif L'Affaire du siècle ont formulé des requêtes devant le tribunal administratif de Paris pour carence de l'État français dans la lutte contre le changement climatique. Cette carence a été reconnue par le tribunal lors de son jugement du 3 février 2021.

2. Philippe Corcuff, *La Grande Confusion. Comment l'extrême droite gagne la bataille des idées*, Textuel, 2021.

menaces qu'elles font peser sur la démocratie, elles se traduisent la plupart du temps par une volonté de poursuivre – voire d'approfondir – la logique néolibérale et par une vision fortement climatosceptique. Face à la montée du fascisme dans les années 1920, le courant de pensée qui a pris le nom d'École de Francfort[3] s'était donné pour projet d'étudier les rapports entre l'économie et les systèmes politiques, afin de protéger les institutions démocratiques et d'œuvrer à l'émancipation. Un siècle plus tard, la montée des mouvements autoritaristes et xénophobes dans de nombreux pays nous impose de réactualiser cette réflexion. Celle-ci doit se faire à l'aune des enjeux globaux posés par l'anthropocène[4] et dans l'urgence d'un changement radical des structures de notre appareil productif et de nos modèles économiques.

Deux arguments majeurs peuvent selon nous guider la réflexion. Le premier est que la question de la transition écologique ne saurait être traitée sous l'angle d'une simple réponse économique et/ou technologique. Elle doit être pluraliste et transdisciplinaire pour se garantir des chances de succès. Face aux enjeux vitaux (menaces climatiques, précarisation accrue des populations, régimes politiques de privation de droits et de libertés, etc.) auxquels est aujourd'hui confrontée l'humanité, les réponses doivent être à la fois sociales, politiques, juridiques et citoyennes. Un débat existe sur la pertinence de l'utilisation du terme « transition[5] ». D'autres, comme « transformation », pourraient lui être substitués, sans doute plus adéquats pour signifier tant l'urgence que la profondeur ou la radicalité (au sens premier du terme) des changements à apporter. Néanmoins, nous conserverons dans cet

3. Jean-Marc Durand-Gasselin, *L'École de Francfort*, Gallimard, 2012.
4. Christophe Bonneuil et Jean-Baptiste Fressoz, *L'Événement Anthropocène. La Terre, l'histoire et nous*, Seuil, 2013.
5. « Ne nous parlez plus de transition écologique », tribune du groupe « Désobéissance écolo Paris », *Reporterre*, 6 juillet 2020.

ouvrage le mot « transition », davantage usité dans le débat public, tout en reconnaissant ses limites.

Le deuxième argument majeur est que rien ne se fera sans l'implication de toutes et tous. Il semble vain de renvoyer la transition à la culpabilité et à la responsabilité individuelles sans permettre à chacun de prendre part aux réflexions et aux décisions qui engagent notre avenir commun. L'enjeu est celui d'un approfondissement et d'un enrichissement de la démocratie. L'exemple de la Convention citoyenne pour le climat est en cela très intéressant. Il démontre qu'un collectif d'individus tirés au sort et travaillant dans une dynamique collective peut produire – en matière de transition – des propositions bien plus ambitieuses et abouties qu'un gouvernement. L'objectif est maintenant d'étendre de telles démarches au niveau local et dans toutes les organisations. Comme le collectif « Pas sans nous », issu des quartiers populaires, l'affirme, la préoccupation démocratique doit être première, car « faire pour nous sans nous, c'est faire contre nous ».

Sur ces deux arguments, l'approche conjuguée en termes de communs et d'économie solidaire[6] est particulièrement pertinente.

Au croisement des communs et de l'économie solidaire

En 2009, le prix de la banque de Suède en sciences économiques en mémoire d'Alfred Nobel attribué à Elinor Ostrom ouvre une perspective prometteuse à plusieurs titres.

6. L'économie solidaire fait partie de l'économie sociale et solidaire (ESS). Elle s'y affirme en pratique par sa volonté de réconcilier initiative et solidarité, et de ne pas apparaître comme une économie caritative ou une « économie-balai ». Sur le plan théorique, l'économie solidaire présuppose une économie plurielle fondée sur l'hybridation des ressources marchandes et non marchandes, monétaires et non monétaires, et des espaces publics de proximité qui permettent d'approfondir localement la démocratie.

Tout d'abord parce que les travaux de cette chercheuse rejettent la simple dichotomie « public/privé » en économie[7]. En affirmant l'importance des « communs » – à côté des biens publics et des biens privés – et leur nécessaire prise en considération, Elinor Ostrom bouleverse en effet le champ de l'analyse des biens économiques. Elle fait écho en cela aux réflexions conceptuelles autour du tiers-secteur (défini lui-même comme ne se confondant ni avec le secteur public ni avec le secteur marchand), et situe *de facto* sa réflexion à proximité du champ de l'économie sociale et solidaire.

Elinor Ostrom envisage les communs comme des ressources partagées gérées par des collectifs auto-organisés. Si les communs participent à la vie économique, ils se distinguent cependant des biens privés par plusieurs aspects de leur gestion. D'une part, leur pilotage est réalisé par des collectifs d'acteurs qui se coordonnent et délibèrent autour de la ressource partagée afin de prendre des décisions qui engagent le collectif. D'autre part, le droit de propriété des ressources n'est pas exclusif et ne vient pas limiter un usage qui se veut collectif. Elinor Ostrom parle de « faisceau de droits » (*bundle of rights*)[8]. Elle désigne en cela la possibilité de décomposer le droit de propriété exclusif en un ensemble de droits d'usage (droits d'accès, de prélèvement, de gestion, d'exclusion, d'aliénation) sur lesquels le collectif peut se positionner pour une meilleure préservation des ressources communes.

Le deuxième point important est que les réflexions d'Elinor Ostrom articulent la gouvernance des communs à la préservation des ressources, en portant l'attention sur les collectifs

7. Voir Elinor Ostrom, *Gouvernance des biens communs. Pour une nouvelle approche des ressources naturelles*, De Boeck, 2010 [1990].
8. Voir Fabienne Orsi, « Autour d'Ostrom : communs, droits de propriété et institutionnalisme méthodologique », *Revue de la régulation*, n° 14, 2e semestre 2013.

d'habitants et de citoyens. En opposition aux travaux économiques dominants, Elinor Ostrom affirme la capacité d'action inégalée des collectifs auto-organisés dans la préservation des ressources. Les études qu'elle conduit montrent en effet que les résultats obtenus par ces collectifs en matière de préservation écologique sont supérieurs à ceux engrangés par les acteurs publics et les opérateurs privés.

Ces meilleurs résultats s'expliquent par l'apport déterminant des communs dans la mise en œuvre d'une délibération collective entre pairs autour des règles de fonctionnement. Cette approche trouve une correspondance dans la gouvernance coopérative, qui est elle aussi fondée sur le refus du primat du propriétaire et accorde aux sociétaires une voix égale dans la prise de décision, quel que soit le niveau de leur apport en capital (principe « une personne, une voix »). Elinor Ostrom nous offre ainsi une première ligne directrice pour appuyer la transition écologique et sociale, en pointant l'importance des dispositifs institutionnels qui structurent la vie et l'action de ces collectifs à différents niveaux d'échelle[9].

Le troisième point déterminant consiste à dépasser le sophisme économiste qui entretient la confusion entre économie et marché[10], et à œuvrer pour une diversité institutionnelle[11]. Cette perspective peut se construire entre acteurs publics et membres de la société civile autour de la défense de l'intérêt général. Il est important de noter que cette idée de diversité institutionnelle est au cœur de la pensée d'Elinor Ostrom. Dans son travail avec Charlotte Hess[12], elle

9. Elinor Ostrom, « Agir à plusieurs échelles pour faire face au changement climatique », *The Solutions Journal*, octobre 2012.
10. Voir Karl Polanyi, *La Subsistance de l'homme. La place de l'économie dans l'histoire et la société*, Flammarion, 2011 [1977].
11. Elinor Ostrom, *Understanding Institutional Diversity*, Princeton University Press, 2005.
12. Charlotte Hess et Elinor Ostrom, *Understanding Knowledge as a Commons. From theory to practice*, The MIT Press, 2006.

montre que les communs ne sont pas seulement « physiques » mais peuvent être aussi des communs de connaissance. Ce faisant, ces deux autrices ouvrent la voie à la mise au jour de nombreux autres communs, tels les communs culturels, urbains, de santé, etc. Dans chaque cas, la démarche d'analyse est pragmatique et respecte la diversité des initiatives auto-organisées. Il y a là un point de convergence fort avec l'économie solidaire[13]. Celle-ci affirme en effet la nécessité d'une organisation démocratique et la pertinence de favoriser la diversité institutionnelle pour viser un horizon de transformation sociale.

Le « prix Nobel » d'Elinor Ostrom a permis que soit reconnue la pertinence de ses travaux en économie. Il a cependant conduit, dans le même temps, à faire oublier sa propre discipline d'appartenance : les sciences politiques. Notre démarche, à travers cet ouvrage, vise à réaffirmer l'importance d'analyser et de mobiliser les communs à l'aune d'une perspective politique, et notamment démocratique, afin de répondre aux défis actuels. Il s'agit de poursuivre un mouvement de pensée et d'action engagé au début du XIXe siècle avec l'associationnisme, l'économie sociale et plus récemment l'économie solidaire[14].

Pour dessiner la voie vers une transition tout à la fois écologique, solidaire et démocratique[15], il est nécessaire, en ce début de XXIe siècle, de définir – comme nous y invite Pierre Charbonnier[16] – un nouvel horizon d'émancipation politique qui se démarque des promesses d'extension infinie du

13. Jean-Louis Laville, Josette Combes et Bruno Lasnier (dir.), *L'Économie solidaire en mouvements*, Érès, 2022.
14. Jean-Louis Laville, *L'Économie sociale et solidaire. Théories, pratiques, débats*, Seuil, « Points », 2016.
15. Il est important de souligner que la transition solidaire et démocratique vient en fait habiliter la transition écologique.
16. Pierre Charbonnier, *Abondance et liberté*, La Découverte, 2020.

capitalisme et s'engage résolument dans la voie d'une société plus juste et plus solidaire.

Inspirer de nouvelles pratiques

Notre hypothèse est donc qu'émergent, au croisement des communs et de l'économie solidaire, des initiatives socio-politico-économiques innovantes. Pour étayer cette idée, nous avons collecté ici cinq récits issus de différents terrains d'action.

Le premier est celui du projet Railcoop : la création d'une société coopérative d'intérêt collectif (Scic) ambitionnant de refonder l'action publique en matière de mobilité, à travers le transport sur rail envisagé dans une approche d'approfondissement démocratique.

Le deuxième est celui du collectif d'organisations Terre de liens, qui considère le foncier agricole comme un commun et déploie des logiques d'acquisition et de gestion collective de la terre. En se positionnant hors du cadre du marché foncier spéculatif, Terre de liens développe tout à la fois un nouvel espace pour une agriculture durable et une exigence démocratique à travers une gouvernance partagée.

Le troisième est celui de la coopérative d'habitants Hôtel du Nord et de son prolongement au sein de la plateforme coopérative les Oiseaux de passage, qui visent à promouvoir un tourisme solidaire soucieux des enjeux environnementaux comme des conditions sociales et matérielles des habitants.

Le quatrième récit porte sur les tiers-lieux, leur rôle en tant qu'espaces de sociabilité susceptibles de renouveler la vie en commun et les approches du travail.

Le cinquième et dernier récit présente des collectifs en Italie qui gèrent en commun des biens confisqués à la Mafia et participent ainsi d'un renouveau démocratique vertueux.

Au travers de ces cinq récits, plusieurs grands traits se dessinent. Nous en retiendrons trois qui ouvrent des perspectives de transformation sociale particulièrement prometteuses.

Refonder l'action publique pour un approfondissement démocratique

Si le levier de l'action publique se révèle indispensable pour favoriser le changement de modèle économique et social, il faut bien en reconnaître les limites. La première limite tient à l'insuffisance manifeste de l'action des États face au réchauffement climatique et aux dérives du marché qui en sont la cause. La deuxième est d'ordre définitionnel : l'action publique peut être considérée comme le domaine réservé ou l'apanage de la seule puissance publique, un approfondissement démocratique n'étant donc pas envisageable dans ce cadre. Enfin, la troisième limite est qu'il n'existe pas, pour l'instant, de réelle gestion démocratique des services publics susceptible de faire entendre directement la voix des citoyens – en l'absence de participation citoyenne à leur gouvernance.

Il est pourtant possible de démocratiser l'action publique en étendant son registre d'action bien au-delà de la seule démocratie représentative et du fonctionnement actuel des institutions publiques. De nombreux collectifs citoyens participent en effet significativement à l'action publique au travers d'initiatives dites « de la société civile », contribuant de manière essentielle et déterminante à l'intérêt général. Ces initiatives se développent dans de nombreux pays et se traduisent par de nouvelles coopérations entre élus municipaux, citoyens et acteurs locaux. Il en est ainsi avec la mise en place de communautés patrimoniales fondées sur les droits culturels à Marseille (chapitre 3), les mises à disposition par les collectivités d'espaces ou de matériels gérés dans les tiers-lieux (chapitre 4) ou les initiatives multi-acteurs en Italie pour la gestion commune des biens confisqués à la mafia (chapitre 5). À travers toutes ces démarches se dessinent les contours d'une nouvelle action publique. Celle-ci suppose un changement de posture des élus et des citoyens: les premiers devant organiser les conditions de la gestion commune et non plus l'incarner seuls; les seconds devant en être des acteurs à part entière.

Au-delà de ces dynamiques territoriales, c'est également une nouvelle conception des services publics qui peut émerger au croisement des communs et de l'économie solidaire. Ce qui est alors en jeu est la mise en œuvre d'une gouvernance multi-acteurs. Le modèle statutaire de la société coopérative d'intérêt collectif est une innovation conçue en 2001 par des acteurs de l'ESS. Elle se révèle particulièrement adaptée à ces nouvelles formes institutionnelles organisant la gouvernance collective de ressources communes. C'est ce que démontre l'histoire de Railcoop à travers l'implication des collectivités locales au sein d'une Scic (chapitre 1). Il se joue là l'opportunité de renouveler le modèle du service public ferroviaire dans les territoires ruraux.

Démocratiser l'économie pour consolider les alternatives au capitalisme

Au-delà de la refonte de l'action publique, c'est plus globalement vers un changement de paradigme économique que tendent les initiatives issues du croisement des communs et de l'économie solidaire. Dans le contexte néolibéral actuel, de nombreuses ressources, matérielles comme immatérielles, qui devraient constituer une propriété collective libre d'accès (connaissances, soins de santé, espaces publics, espaces naturels, etc.), sont en réalité financiarisées et marchandisées. Un grand nombre de citoyens se retrouvent ainsi privés d'un accès libre à des ressources communes et de la possibilité d'être associés à leur gestion. C'est d'autant plus préjudiciable que cela renforce un système économique dominant basé sur le productivisme et la recherche continue de la croissance.

Les initiatives et réflexions présentées dans cet ouvrage affirment l'idée que les ressources communes doivent être gouvernées démocratiquement, avec l'objectif de garantir leur préservation. Les différents récits nous montrent l'importance de réencastrer l'activité économique dans la société[17] en redonnant du pouvoir aux collectifs auto-organisés. Il s'agit d'affirmer la primauté de la réciprocité sur l'échange marchand, et de développer une économie fondée démocratiquement sur les exigences écologiques et sociales.

C'est le but que poursuit la plateforme coopérative les Oiseaux de passage, en remettant en cause un ordre touristique fondé sur le primat de la rentabilité et du « moins-disant », et en promouvant des collectifs d'hospitalité (chapitre 3). C'est également le cas des fablabs ou des communautés de makers[18], évoqués dans le récit sur les tiers-lieux (chapitre 4). Il y est question de repenser la division du travail à travers la démocratisation de la production, la relocalisation des chaînes de production et la lutte contre l'obsolescence programmée. C'est encore ce que visent les initiatives à forte utilité sociale gérant les biens confisqués à la mafia par et pour des communautés locales et les territoires dans lesquels elles vivent (chapitre 5). Dans tous ces exemples, la Scic apparaît, par son modèle de gouvernance, comme un point commun qui

17. Karl Polanyi, *La Subsistance de l'homme*, *op. cit.*
18. Michel Lallement, *L'Âge du faire. Hacking, travail, anarchie*, Seuil, 2015.

traduit conjointement dans le statut coopératif la défense démocratique de l'intérêt général, la pluralité des parties prenantes et la lucrativité limitée comme principe cadre du fonctionnement (chapitres 1, 2 et 3).

De nouveaux imaginaires pour un autre modèle économique et social

Les initiatives au croisement des communs et de l'économie solidaire permettent donc d'envisager la démocratisation de l'action publique et de l'économie marchande. Ce positionnement conforte les alternatives au capitalisme, mais il favorise également l'émergence de nouveaux imaginaires. C'est là, selon nous, un point déterminant de l'analyse, car les enjeux sont tels qu'il nous faut désormais être en capacité de repenser radicalement nos modèles économiques, sociaux et démocratiques. Ces nouveaux imaginaires apparaissent comme des outils indispensables pour susciter des ponts entre les initiatives et les domaines, et encourager une approche transdisciplinaire.

Les innovations sociales et les évolutions conceptuelles importantes qui traversent les récits présentés dans cet ouvrage sont autant d'illustrations de ces nouveaux imaginaires. Ces cinq témoignages nous invitent d'abord à une remise en cause de la notion de propriété entendue comme un droit supérieur, exclusif et individuel. En cela, ils contredisent le primat du droit de propriété, socle du modèle capitaliste. Ils nous montrent en effet que l'usage collectif des biens et des services est une solution pragmatique pour protéger durablement les ressources.

Nos récits sont évocateurs. Ainsi, dans les tiers-lieux, le collectif se constitue sur l'idée que les outils se mutualisent facilement et que la maîtrise, la connaissance et l'entraide en sont favorisées. Dès lors, l'achat individuel n'est plus nécessairement la règle (chapitre 4). Dans le monde rural, la terre peut se partager, afin d'en préserver un usage agricole écologique et durable. Par l'organisation de collectifs solidaires, il devient possible de refuser qu'elle fasse l'objet de prédations au profit de quelques-uns (chapitre 2). Les réseaux de transport collectifs, quant à eux, peuvent s'appuyer sur des coopératives de citoyens pour imaginer des alternatives au recours systématique à la voiture individuelle (chapitre 1). Le patrimoine n'est plus privatisé mais réapproprié par celles et ceux qui le vivent au quotidien (chapitre 3).

Il est intéressant de noter que, dans ces récits, le droit de propriété n'est pas remis en question juridiquement, mais avant tout aménagé grâce à la logique coopérative qui en habilite un usage et une gestion collectifs. Cette logique est à même de prévenir les éventuelles stratégies de captation, les dérives court-termistes et l'épuisement prématuré des ressources. Elle renforce par ailleurs les dynamiques de préservation durable des ressources et légitime des conceptions plus solidaires des activités humaines.

C'est également un autre rapport au temps qui émerge de ces récits. Refusant la fuite en avant productiviste et utilitariste, les expériences suivies laissent toute leur place au dépassement du chacun pour soi, aux échanges et aux liens avec les autres. La mobilité n'est plus envisagée à l'aune de la course de vitesse, mais se pense dans l'accès le plus large possible aux transports collectifs. Dans une perspective longue, ces derniers sont en effet synonymes de nouvelles formes de cohésion sociale et de dynamiques collectives au sein de territoires fragmentés et délaissés (chapitre 1). Le tourisme classique laisse place à l'aléa, à la rencontre de l'autre, au renforcement des solidarités, et ne se résume pas à une quête superficielle et inflationniste de destinations à cocher (chapitre 3). Le travail n'est plus fondé sur la division et la mise en concurrence, mais sur la mutualisation et la coopération au service de projets d'intérêt collectif, soucieux de réduction des inégalités sociales (chapitres 4 et 5).

C'est enfin une nouvelle conception des savoirs et de la recherche qui s'affirme dans les récits qui suivent. Ainsi, les connaissances ne sont pas réservées à des personnes « sachantes ». Elles ne sont pas mises au profit d'intérêts individuels ou lucratifs, mais plutôt pensées comme des communs autorisant l'accès de tous. Les savoirs se mutualisent autour des activités se déroulant dans les tiers-lieux, se partagent dans les expertises au sein des communautés agricoles, des collectifs d'usagers des transports ferroviaires, des coopératives en lien avec les biens repris à la mafia, et s'enrichissent mutuellement dans les communautés d'hospitalité. Ce qui est en jeu, à travers ces exemples, est l'accès de tous aux droits : droits culturels, à la mobilité, à l'alimentation, à la santé, etc.

Comprendre les enjeux de transition et de soutenabilité

En contribuant à une refonte de l'action publique, à une démocratisation de l'économie et à un renouvellement de l'imaginaire guidant nos conceptions du monde, le croisement des champs des communs et de l'économie solidaire ouvre des perspectives stimulantes pour une transformation sociale émancipatrice. Au travers des récits d'acteurs collectés et racontés par celles et ceux qui les vivent, se dessine ainsi la possibilité d'une compréhension fine des enjeux de transition et de soutenabilité.

Le choix de ces cinq initiatives n'a bien entendu pas pour vocation d'offrir une vision complète des expériences socialement innovantes. Il ne prétend pas non plus gommer les difficultés auxquelles elles peuvent être confrontées : tensions internes inhérentes aux enjeux de gouvernance démocratique ou problèmes de consolidation économique et financière (comme ont pu l'illustrer les écueils rencontrés par le projet Railcoop). Notre choix a cependant été guidé par la volonté de donner de la visibilité à des expériences particulièrement intéressantes et illustratives, afin d'aider le lecteur à mieux appréhender la diversité, la complexité et la richesse des questions d'auto-organisation et de gouvernance démocratique qu'elles soulèvent. En effet, grâce à leur gestion par des collectifs auto-organisés, les communs ont la capacité de contribuer à une meilleure préservation des ressources, et sont à même d'inscrire cette nécessaire préservation dans une dimension solidaire et démocratique. Si le chemin à parcourir reste long, le caractère mobilisateur et porteur d'espoir de ces initiatives et de leurs potentialités nous semble indispensable à mettre en avant.

CHAPITRE 1
Railcoop, une coopérative pour repenser la mobilité en commun(s) ?

Par Justine Ballon, Florian Barès, Marius Chevallier et Alexandra Debaisieux

Justine Ballon, **Florian Barès** et **Marius Chevallier** sont membres du cercle « Recherche » de la Scic Railcoop.

Alexandra Debaisieux est membre fondatrice et ancienne directrice générale déléguée de Railcoop.

En décembre 2016, le Parlement européen adoptait le quatrième paquet ferroviaire, qui avait pour but de libéraliser complètement le secteur du rail européen. Depuis décembre 2020, n'importe quel acteur ferroviaire peut opérer sur le réseau ferré national français.

Certains ont vu dans cette ouverture du marché la fin du service public (bien que les régions restent impliquées dans la construction de l'offre des TER) et, à terme, la diminution du service aux usagers, alors même que le service ferroviaire n'a cessé de se dégrader depuis 1930[19]. D'autres citoyens ont alors estimé que cette ouverture du marché pouvait être une opportunité pour se réapproprier l'action publique en matière de desserte ferroviaire des territoires – dans le cadre d'un

19. D'après le rapport au Premier ministre de Jean-Cyril Spinetta, « L'avenir du transport ferroviaire » (2018), le nombre de kilomètres de voies ferrées a augmenté régulièrement et rapidement de 1880 à 1920. À partir de 1930, des voies ont commencé à être fermées, passant de 63 000 kilomètres à l'apogée du réseau à 29 213 kilomètres en 2009, dont 24 347 kilomètres de voies ouvertes au trafic de voyageurs.

approfondissement démocratique au service de la transition écologique et solidaire. C'est ainsi qu'est née Railcoop, première entreprise ferroviaire sous statut coopératif d'Europe. Dans ce chapitre, il s'agit d'envisager Railcoop comme une expérimentation propice à repenser les transports en commun dans une logique de « communs », c'est-à-dire en associant citoyens, acteurs privés locaux et collectivités territoriales dans une coconstruction et une gestion collective.

La genèse : une réponse citoyenne aux enjeux de mobilité

Plusieurs citoyens et citoyennes du Lot – département rural – à l'origine de Railcoop constatent que les territoires ruraux souffrent d'un déficit de transports en commun, rendant leurs habitants très dépendants de la voiture individuelle. Cette situation pose deux problèmes majeurs. D'une part, ces territoires ne bénéficient pas ou peu de solutions de transport faiblement carbonées ou décarbonées, alors même que l'urgence climatique rend ces solutions de mobilité incontournables ; d'autre part, la dépendance à la voiture individuelle crée une fracture sociale évidente, plus encore au moment où le coût de l'énergie augmente.

Ces citoyennes et citoyens commencent alors à imaginer des solutions de mobilité partagée pour permettre aux habitants des villages de se déplacer et d'accéder à des biens ou services produits ailleurs sur le territoire, afin de pallier l'absence d'offres suffisantes de services publics. Très vite, il apparaît que la meilleure solution reste le transport ferroviaire. En effet, l'infrastructure existe (malgré des sous-investissements récurrents qui rendent son utilisation aujourd'hui compliquée), mais elle demeure sous-utilisée : 80 % du trafic ferroviaire (en trains-kilomètres)[20] s'effectue sur 39 % du réseau ferré national[21]. Par ailleurs, le train offre une solution de mobilité (et de non-mobilité[22]) fiable et faiblement carbonée, en cohérence avec l'urgence de la transition écologique.

Au total, ce sont trente-deux citoyennes et citoyens qui pensent que, dans ce contexte (faiblesse de l'offre et ouverture du marché), il leur est possible de créer une entreprise ferroviaire qui pourrait être sollicitée par ces territoires abandonnés par l'État et l'opérateur historique, ou insuffisamment desservis. Mais une telle aventure exige à la fois des fonds importants et des compétences techniques de haut niveau. C'est pourquoi il est décidé de créer une coopérative, pour mettre en partage les fonds et les compétences nécessaires au développement de nouveaux services ferroviaires.

Dernier élément important de cette genèse historique : l'attention particulière portée à la démocratie et à la place des citoyens pour aborder ce problème public d'accès à la mobilité dans les territoires ruraux. C'est ce qui explique que la première personne recrutée auprès de la direction générale est chargée de l'animation de la vie coopérative. L'idée : s'assurer d'une véritable dynamique coopérative en s'appuyant sur cette idée sociocratique de l'intelligence collective. Le 7 mars 2020, le premier séminaire du conseil d'administration de Railcoop est justement consacré à la question des espaces d'expression accessibles aux sociétaires.

Cependant, la vie coopérative de Railcoop ne peut se réduire à une assemblée générale annuelle et à des conseils d'administration. L'idée survient de créer une strate entre

20. Le train-kilomètre est une unité de mesure correspondant au déplacement d'un train sur un kilomètre.
21. « Le marché français du transport ferroviaire en 2020 », rapport de l'Autorité de régulation des transports, décembre 2021.
22. À travers le transport de marchandises dans les territoires, pour réduire les kilomètres parcourus par les marchandises.

ces deux instances statutaires : les « cercles », qui ont pour objectif, d'après le règlement intérieur, « d'être l'une des forces de proposition et d'innovation auprès du reste de la coopérative en se fondant sur l'intelligence collective des sociétaires bénévoles ».

Face à la défaillance de l'État, c'est donc une logique collective, associant des citoyennes et des citoyens, qui guide la création de Railcoop, qui cherche, ce faisant, à se réapproprier la gestion du transport en région.

Une logique de communs au cœur du modèle Railcoop

L'infrastructure ferroviaire en France est publique (elle appartient à SNCF Réseau), mais elle est sous-utilisée. Elle fait pourtant partie des biens communs. L'ambition de Railcoop est ainsi d'améliorer son utilisation afin de renforcer le service ferroviaire au bénéfice des passagers et des clients comme des chargeurs[23].

Au-delà de cette réappropriation par les citoyens de l'usage d'une infrastructure ferroviaire, Railcoop s'appuie sur des ressources partagées : la mutualisation de moyens pour financer les ressources humaines et techniques nécessaires au développement des services ; mais aussi la mutualisation d'expertise, de réflexion, d'idées pour développer des services innovants, répondant aux besoins des entreprises, des usagers et des territoires dans une logique la plus vertueuse possible.

Concernant les moyens financiers, Railcoop réussit à lever, en deux ans, plus de 9 millions d'euros auprès des sociétaires, ce qui est inédit dans le monde coopératif. Ces fonds ont servi jusqu'ici à financer des recrutements, les investissements

23. Un chargeur est un propriétaire de marchandises au moment de leur mise en transit ferroviaire.

dans les systèmes d'information, la location des wagons et des locomotives de fret, et l'achat de deux rames de trains de voyageurs. Ces montants peuvent paraître importants, mais ils ont besoin d'être complétés par d'autres apports pour que le projet se déploie pleinement. Or les engagements et soutiens publics restent encore modestes (même comme simples garants). Cet écueil a conduit Railcoop à réajuster ses activités en avril 2023 (voir encadré). Il convient également de souligner que les acteurs du financement de l'ESS ne disposent pas aujourd'hui des outils d'intervention nécessaires à ce type de projet.

L'évolution des activités de Railcoop

«Nous revenons vers vous avec cette lettre d'information pour approfondir les décisions prises par le conseil d'administration le 19 avril 2023. Railcoop recentre ses activités sur le lancement de la ligne voyageurs Bordeaux-Lyon. Pour consolider la réussite du service voyageurs, projet «cœur» des missions de Railcoop, le conseil d'administration a ainsi décidé de suspendre pour le moment les activités fret en cours. En parallèle, le conseil d'administration poursuit ses réflexions initiées fin 2022 pour améliorer l'efficience de la coopérative et la mobilisation des sociétaires dans la construction de nos futurs services.»

Newsletter #23 aux sociétaires et amis de Railcoop, mai 2023.

Au-delà de tous ces aspects, ce qui rapproche les coopératives de la logique des communs, ce sont bien leurs réserves impartageables: il s'agit d'un patrimoine propre à la coopérative (qui en est l'unique propriétaire), que les sociétaires ne peuvent en aucun cas s'approprier. Ces réserves sont abondées par une partie des bénéfices qui y sont affectés, suivant une décision de l'assemblée générale sur proposition du conseil d'administration.

En janvier 2023, Railcoop a réussi à fédérer une communauté de plus de 14000 sociétaires, qui grandit chaque jour davantage. Là encore, l'engouement autour du projet montre à quel point la population française est attachée collectivement au ferroviaire. Chaque sociétaire, en achetant une ou des parts sociales de la structure, vient enrichir le capital social de la Scic. La singularité de ce type de coopérative est d'associer plusieurs parties prenantes – ici dans la cogestion de transports ferroviaires : des personnes physiques (citoyens et citoyennes), des personnes morales privées (des entreprises, par exemple) et des personnes morales publiques (la région Occitanie ou la ville de Gannat, notamment), en sus des salariés de la Scic.

Au-delà, Railcoop, c'est un acte de coconstruction autour d'un projet commun qui relève du « commoning », c'est-à-dire un processus social par lequel les coopérateurs et les coopératrices s'organisent (en créant des règles de fonctionnement, par exemple) pour gérer des ressources communes et des savoirs. En effet, la communauté s'est structurée autour de cercles de sociétaires engagés dans le partage de leurs expertises, savoir-faire, idées, pour contribuer au développement du projet collectif. Par exemple, le cercle « Fret » a proposé aux équipes salariées de Railcoop une liste de chargeurs à contacter, des manières d'optimiser le chargement des wagons, etc., cela dans un cadre d'engagement bénévole. La mobilisation active de près de sept cents sociétaires dans vingt-neuf cercles participe ainsi à la construction d'une culture ferroviaire coopérative, élément venant nourrir une logique de communs.

La Scic Railcoop, une organisation citoyenne de l'ESS

Cette logique de communs s'appuie sur un modèle économique et de gouvernance spécifique.

Tout d'abord, en tant que Scic, Railcoop développe une activité économique fondée sur la poursuite de l'intérêt collectif - qui, dans le cas présent, au regard de l'objet social de la coopérative, peut s'apparenter à l'intérêt général, puisqu'il s'agit de proposer du transport ferroviaire dans les territoires. Le chapitre introductif des statuts de la coopérative rejette ainsi la dichotomie public/privé, introduisant la catégorie de « communs gérés collectivement », et dénonce l'insuffisance des actions des pouvoirs publics dans leur mission d'intérêt général en matière de lutte contre le réchauffement climatique.

Ensuite, le modèle juridique de la coopérative, non spéculatif, est fondé sur un principe de lucrativité limitée. Le capital n'est que marginalement rémunéré, si l'assemblée générale décide d'une rémunération, et dans une limite encadrée par la loi n° 2001-624 du 17 juillet 2001 régissant les Scic. Par ailleurs, agréée Esus (entreprise solidaire d'utilité sociale) en juillet 2021, Railcoop plafonne statutairement les rémunérations des effectifs. L'écart de salaire ne peut excéder un ratio de 1 à 7. Lors de l'exercice 2021, il était de 3,77.

Enfin, le modèle est fondé sur le principe coopératif « une personne, une voix ». Ce n'est pas le capital qui donne le pouvoir dans la coopérative : peu importe le nombre de parts sociales qu'elle détient, chaque personne ou organisation dispose d'une voix à l'assemblée générale. Plus généralement, il n'existe aucun critère qui confère statutairement un pouvoir spécifique à un sociétaire plus qu'à un autre.

Autrement dit, la compétence, l'ancienneté, une fonction professionnelle ou encore le chiffre d'affaires réalisé avec la coopérative ne donnent pas de place privilégiée.

Bien entendu, les inégalités socio-économiques ne s'arrêtent pas aux portes de la coopérative. Railcoop s'attache donc à veiller, par exemple, à ce que les personnes les plus compétentes sur un sujet n'empêchent pas les moins qualifiées de donner un avis d'usager essentiel, ou encore à ce que les hommes – majoritaires parmi les sociétaires de la coopérative – n'occupent pas tout l'espace de parole au détriment des femmes.

Concrètement, la communauté de Railcoop[24] était constituée au 31 décembre 2022 de 13 776 sociétaires, dont 13 520 bénéficiaires personnes physiques, 132 bénéficiaires personnes morales, 79 partenaires techniques et financiers, 29 collectivités locales et institutions et 16 salariés. Chez Railcoop, le sociétariat n'est pas obligatoire pour les salariés : c'est un choix de leur part.

Ces sociétaires sont âgés de 1 an à 105 ans, avec un peu plus de sociétaires âgés de 25 à 45 ans et de 60 à 70 ans. La part des femmes monte progressivement, de 22 % la première année à près de 30 % lors des souscriptions de 2022. Elles et ils habitent tous les départements de France hexagonale et d'outre-mer, avec toutefois une surreprésentation de sociétaires vivant sur les territoires traversés par la future ligne de transport de passagers Bordeaux-Lyon (Gironde, Dordogne, Haute-Vienne, Creuse, Allier, Loire, Rhône) et de sociétaires qui habitent en Isère, à Paris et en Haute-Savoie. En outre, six cents personnes viennent de cinquante autres pays (dont la moitié de Suisse et de Belgique).

24. Entendue ici au sens juridique d'ensemble de sociétaires, mais les parties prenantes sont plus larges que la seule communauté des sociétaires, car certains salariés ne sont pas sociétaires, de même que certains partenaires clés.

D'après une étude menée par le cercle « Recherche » en 2022, les sociétaires ont rejoint la coopérative par amour du train, pour l'écologie (limiter la voiture et l'avion), pour le développement local (desservir l'ensemble du territoire français) et pour soutenir le développement de l'ESS (l'économie est l'affaire de tous et toutes !).

Ainsi, le multi-sociétariat de la Scic Railcoop est riche de l'expression potentielle d'une grande diversité de compétences et de points de vue. Mais, pour que cette richesse se concrétise, il faut que chaque sociétaire trouve la place qui lui convienne. Chacun a bien sûr le même poids en assemblée générale mais, pour créer les conditions d'appropriation collective de Railcoop et permettre une expression des sociétaires la plus égalitaire possible, il faut multiplier les démarches et les portes d'entrée pour toutes et tous.

Railcoop s'y emploie de plusieurs manières. La démocratie n'y est pas seulement statutaire, mais bien une dynamique humaine vivante. Tout d'abord, afin de créer une appropriation collective des enjeux de revitalisation ferroviaire en garantissant à chaque catégorie d'acteur une place d'écoute, Railcoop a créé cinq collèges de sociétaires : salarié·es, collectivités locales, partenaires techniques et financiers, bénéficiaires personnes morales, et bénéficiaires personnes physiques. Chaque collège bénéficie de 20 % des voix en assemblée générale et de sièges au conseil d'administration. Toutefois, ce système ne permettrait qu'à une quinzaine de personnes de s'exprimer régulièrement – renvoyant les autres à une prise de parole annuelle lors de l'assemblée générale. C'est pourquoi Railcoop a choisi de créer des cercles de sociétaires (voir encadré, page suivante).

Les cercles de sociétaires, un fonctionnement inspiré de la sociocratie

L'un des espaces centraux de Railcoop, ce sont les cercles. Ils permettent aux sociétaires de faire émerger l'expression d'un intérêt général et de transmettre des propositions au conseil d'administration. Nous sommes ici au cœur de la construction sociale de communs, et de sa traduction dynamique dans des logiques de *commoning*. Au 25 janvier 2022, il y avait vingt-neuf cercles dont dix-sept thématiques. Huit cercles sont consacrés à l'offre : fret, développement du réseau, desserte fine des territoires, services à bord et en gare, handicap, tarification, articulations avec le vélo et avec la voiture (et trois sont en cours de création : jeunes, intermodalité, partenariats culturels). Quatre sont consacrés au fonctionnement interne : numérique, gouvernance, animation du sociétariat, gestion des aléas d'exploitation ; cinq sont transversaux : modélisme, promotion et connaissance des mondes ferroviaires en Europe, aspects environnementaux, réflexions philosophiques sur la vie en train, recherche.

Il existe douze cercles géographiques : Bordeaux, Lyon, Limoges, Île-de-France, Nancy-Toul, Gers, Alsace, Auvergne, Quercy-Rouergue, Creuse, Alpes et Cap-Carène-Sillon (du côté de Saint-Nazaire). Ces cercles de nature territoriale sont « généralistes », au sens où ils peuvent croiser les travaux des cercles thématiques, mais réfléchissent à une déclinaison locale. Ils ont leur propre agenda en fonction des motivations de leurs membres.

Trois de ces cercles ont été créés dès la naissance de la coopérative (gouvernance, animation du sociétariat et développement du réseau). Les autres l'ont été à l'initiative de sociétaires, la règle étant qu'il faut être cinq personnes pour créer un cercle – qui est ensuite validé ou non par le conseil d'administration.

Les cercles produisent régulièrement des travaux qui sont ensuite partagés avec les autres cercles et l'équipe opérationnelle. Par exemple, le cercle «Handicap» part de sa connaissance des obstacles à la mobilité pour envisager des solutions qui augmenteront le confort de toutes et tous. Le cercle «Gouvernance» a rédigé un guide d'animation des cercles, à la suite d'une enquête réalisée auprès d'animateurs et d'animatrices de cercles pour comprendre leurs besoins en la matière. Le cercle «Animation du sociétariat» comprend une équipe de modérateurs d'un groupe sur Facebook: ils prennent soin de l'image de la coopérative sur les réseaux sociaux. En résumé, de multiples initiatives contribuent à élargir le patrimoine collectif de Railcoop, qui est géré démocratiquement dans des espaces d'expression dédiés: réunions de cercles et inter-cercles, lettres d'information, assemblée générale.

Enfin, une commission «Éthique et médiation» a été instaurée: elle regroupe dix sociétaires élus et dix autres tirés au sort. Sa mission: vérifier l'application des principes statutaires et aider à la résolution de divergences ou d'interrogations.

Au-delà de ces espaces formels, la coopérative multiplie les possibilités, pour les sociétaires, de s'exprimer lors de webinaires, sondages, etc. Vivante, la démocratie se construit au fil d'expérimentations par les sociétaires, avec les salarié·es dédié·es à la vie coopérative et les administrateurs et administratrices. Ainsi, lors de l'assemblée générale de 2022, il a été décidé, en s'inspirant d'une pratique observée notamment à Énergie partagée (organisation pour le développement de projets d'énergie renouvelable portés par les citoyens), de donner la possibilité à toutes les personnes sociétaires d'écrire des commentaires après chaque résolution. Cette initiative est prolongée en 2023.

Ces éléments de gouvernance participative ne sont bien sûr par exempts de difficultés, et des débats ont traversé la coopérative : comment garantir transparence et prise en compte des propositions de chacun, notamment entre sociétaires actifs et salariés (moins nombreux) ? Quel management coopératif favorise les meilleures conditions de travail ?

Au-delà de ce qu'elle construit en tant que Scic dans le champs de l'ESS, Railcoop porte un ambitieux projet de transformation sociale.

Transformer les cadres politiques, institutionnels, financiers et démocratiques

Si Railcoop s'inscrit dans l'ESS en raison de son fonctionnement démocratique et de sa lucrativité limitée, il ne s'agit pas là d'un corporatisme au bénéfice de ses seuls membres : elle inscrit son développement économique dans une logique d'utilité sociale au service de l'intérêt général. C'est ce qui nous amène à considérer que ses impacts sociaux (favoriser la mobilité dans les territoires bénéficiant de peu de services) et environnementaux (réduire l'utilisation de l'avion et de la voiture) bénéficient à la société bien au-delà des membres de la coopérative.

Railcoop a également la volonté de contribuer à la transformation du contexte, sachant que le train ne se développe pas suffisamment au regard des enjeux sociaux et environnementaux. L'un des constats de départ de la coopérative concernait la difficulté, pour certaines collectivités, de négocier avec la SNCF, en raison de la complexité du système ferroviaire, mais aussi faute de réponse concrète à la pétition contre la suppression de la ligne de train Bordeaux-Lyon, qui avait réuni plus de 13 000 signatures.

Plus généralement, les personnes physiques ou morales qui ont fait l'expérience de participer à des comités de ligne ou des négociations pour adapter les horaires et les trajets ont pu constater la complexité du sujet. La forte asymétrie d'information entre la SNCF et les autres parties prenantes ne facilite pas la négociation. Railcoop remplit ainsi cette fonction de réunir et de former des personnes dont les compétences deviennent des communs mobilisables par tout territoire ayant un projet ferroviaire, ce qui permet à chacun d'être plus fort pour développer le transport par le train.

Autre indice de la capacité de Railcoop à renforcer le pouvoir d'agir de chacun sur son environnement : son activité de lobbying auprès des pouvoirs publics pour faire évoluer la législation vers davantage de coconstruction avec les collectivités territoriales (adaptation de lois et de règlements, engagement dans des projets d'ESS). Dans le cadre de la loi 3DS[25], Railcoop a ainsi été à l'origine d'un amendement autorisant les communes à prendre des parts sociales dans des Scic de mobilité.

Railcoop inscrit aussi ses activités dans une logique de communs en partageant certaines ressources qu'elle produit, à l'instar du guide d'animation de cercles en coopérative, sous licence *creative commons*[26]. Ces licences proposent une alternative au copyright propriétaire pour faciliter la diffusion de la culture : elles protègent les droits d'auteur et la libre circulation, tout en indiquant certaines limites (par exemple en matière d'usage commercial). Dans la même

25. Article 222 de la loi n° 2022-217 du 21 février 2022 relative à la différenciation, la décentralisation et la déconcentration, et portant diverses mesures de simplification de l'action publique locale (dite « loi 3DS »).
26. https://urlz.fr/mpYG.

perspective, la coopérative travaille à un projet de blog permettant à un plus grand nombre de cercles de partager les résultats de leurs travaux.

Railcoop se distingue par ailleurs par sa volonté de redynamiser les territoires ruraux, suscitant un engagement actif de collectivités territoriales, qu'il s'agisse de communes rurales, de villes moyennes, de métropoles ou encore de régions. Des conseillers régionaux, des maires et des conseillers municipaux s'engagent pour défendre un intérêt collectif : le redéploiement du ferroviaire pour vivifier leur territoire sur le plan social, économique et politique. En rejoignant Railcoop, ces collectivités participent à un mouvement de décentralisation de l'action publique, face à un État qui se désengage sans leur donner vraiment les moyens de développer elles-mêmes certains projets (la rénovation des voies ferrées, par exemple). Cela explique leur implication dans des Scic telles que Railcoop ou des projets d'énergie renouvelable.

Cette dynamique participe finalement d'un renouveau de l'action publique territoriale, qui montre la capacité d'action parfois plus réactive et adaptée des organisations de l'ESS, face aux enjeux socio-économiques et environnementaux. En effet, Railcoop est présente sur de nombreux territoires et existe grâce à des sociétaires impliqués dans ses douze cercles géographiques, soutenus fortement à certains endroits par les collectivités locales.

Enfin, au-delà de la communauté des sociétaires, Railcoop s'inscrit dans un projet citoyen visant à participer à la régulation du secteur ferroviaire et des territoires, loin d'un modèle de « main invisible[27] » agissant selon la seule loi de l'offre

27. Théorie qui considère que l'ensemble des actions individuelles des acteurs économiques, guidées par leur intérêt personnel, contribuent à la richesse et au bien commun.

et de la demande. Certes, Railcoop n'a pu se créer que parce qu'il y a eu une ouverture à la concurrence dans le secteur ferroviaire, mais les sociétaires s'attachent à se mettre au service de la promotion du train et du développement local, pour valoriser et entretenir des communs. Il ne s'agit pas de se positionner sur les créneaux les plus rentables, mais sur les créneaux les plus utiles (socialement) à la population. De ce point de vue, on pourrait dire que Railcoop s'inscrit plutôt dans une ouverture à la coopération que dans une ouverture à la concurrence (tout comme Enercoop, dans le secteur de l'énergie, qui s'est également créé dans un contexte de libéralisation). Les trains de Railcoop contribueront à la décentralisation, mais surtout à la reterritorialisation, et ils ne chercheront pas à traverser des territoires à grande vitesse sans desservir les gares intermédiaires.

Une utopie réaliste inscrite dans un écosystème plus large

En cohérence avec les 6e et 7e principes coopératifs (coopération entre les coopératives et engagement vers la communauté), et avec la perspective d'intérêt collectif de toute Scic, Railcoop cherche à transformer plus largement le rapport de la société au ferroviaire, dans une logique territoriale et solidaire, pensée de façon démocratique et inclusive. C'est ce qui explique son engagement dans l'écosystème des Licoornes, avec huit autres Scic (Enercoop, la Nef, Mobicoop, Citiz, Coop Circuits, Commown, Télécoop et Label Emmaüs) qui œuvrent à transformer les modes de consommation dans un sens plus durable, dans une logique de transition écologique et solidaire. Car c'est bien en s'organisant collectivement avec d'autres organisations productrices de nouveaux imaginaires instituants que Railcoop pourra contribuer à changer plus largement et plus radicalement la société.

À travers l'expérience démocratique à Railcoop, c'est toute la société qui peut bénéficier d'une capacité croissante de chacune et chacun à s'exprimer sur tout ce qui concerne ses conditions de vie. Railcoop est la traduction concrète d'une réappropriation par les citoyens d'un sujet majeur : le développement du ferroviaire avec toutes ses implications collectives – aménagement du territoire, inclusion sociale, transition écologique, etc. L'enjeu est ici de repenser les transports comme des communs, pour la gestion desquels les citoyens ont leur mot à dire, aux côtés des collectivités territoriales et des acteurs socio-économiques locaux, suivant une logique de réappropriation locale et démocratique.

Note des coordinateurs de l'ouvrage

Ce récit a été rédigé au 1er trimestre 2023. En avril, la coopérative a rencontré plusieurs difficultés et procédé à des réorientations stratégiques, comme indiqué dans la lettre aux sociétaires dont nous avons reproduit un extrait en encadré. La coopérative a connu des changements de gouvernance, des débats autour de ses modalités, et rencontré d'importantes difficultés de financement, dans un contexte de faible soutien des pouvoirs publics. Cela illustre les difficultés auxquelles peuvent être confrontés des projets innovants et ambitieux de ce type, reposant sur un modèle économique et démocratique bien plus exigeant – et de surcroît bien moins rémunérateur pour des financeurs en recherche de rendement – que les modèles économiques capitalistes dominants. Ces éléments renforcent la nécessité de construire un véritable écosystème partenarial, dans un cadre réglementaire soutenant, autour des initiatives présentées dans cet ouvrage.

CHAPITRE 2
Terre de liens : démocratiser la question agricole et alimentaire par le développement de communs fonciers

Par Gaël Louesdon

Gaël Louesdon est adhérent et militant de Terre de liens. Il a été cofondateur en 2009 puis salarié de Terre de liens Normandie jusqu'en décembre 2022. Le présent texte n'engage que son auteur, et aucune des personnes morales de l'écosystème Terre de liens.

Les enjeux climatiques sont connus et ils sont sans appel. Ces dernières années, nous avons vécu plusieurs chocs : pandémie de covid-19, bouleversement mondial du marché de l'énergie à la suite de la guerre russo-ukrainienne, épisodes climatiques extrêmes dont la fréquence augmente. Pour l'heure, ils sont intervenus indépendamment les uns des autres. Mais qu'adviendra-t-il lorsqu'ils se combineront – entre eux ou avec d'autres encore ?

L'agriculture est particulièrement émettrice de gaz à effets de serre, faisant peser sur le vivant des risques grandissants. Sa transformation est un enjeu clé pour espérer construire un avenir durable. Mais cette transformation implique de sortir de soixante ans d'une cogestion agricole conduite par la Fédération nationale des syndicats d'exploitants agricoles (FNSEA)[28] et l'État, coresponsables d'avoir fait de l'agriculture une profession exsangue – les agriculteurs représentent 2,5 % de la population active en 2020, contre 31 % en 1950 – et d'avoir entraîné de profondes atteintes à l'environnement à travers des « terres trop spécialisées[29] ».

Ce sont en effet d'étranges réussites syndicales et politiques que ces cogestionnaires encore bien en place continuent de faire passer par pertes et profits dans leurs chaînes de bilans comptables : l'épuisement des hommes et des femmes, le creusement sans précédent des inégalités économiques ou encore l'effondrement du vivant non humain, l'homogénéisation des paysages et toutes les catastrophes qui en découlent. Ces mal-nommées « catastrophes naturelles » sont en fait le fruit d'une histoire politique, économique[30] et technique[31], dont la gestion des externalités est laissée aux collectivités territoriales, sans réels pouvoirs autres que palliatifs.

Face à ces défis, deux voies s'opposent pour engager la transition agricole et écologique. La première est résumée par le triptyque « numérique-génétique-robotique » de la « 3e révolution agricole » annoncée de concert par la FNSEA et l'État fin 2021. Cette voie n'est que la poursuite de celle qui a contribué à nous conduire dans l'impasse écologique et sociale dans laquelle nous nous enfonçons. Or on ne résout pas un problème avec les recettes qui l'ont engendré.

28. Syndicat agricole prétendant représenter « toutes » les agricultures, mais ayant été, dans les faits, l'un des acteurs, si ce n'est l'acteur clé, de la standardisation de l'agriculture en France. Pour une démonstration socio-politique claire de ce processus, lire Gilles Luneau, *La Forteresse agricole. Une histoire de la FNSEA*, Fayard, 2004.

29. Voir « Ces terres qui se défendent », hors-série de *Socialter*, décembre 2022, p. 46-47.

30. L'Atelier paysan, *Reprendre la terre aux machines. Manifeste pour une autonomie paysanne et alimentaire*, Seuil, 2021.

31. Bertrand Louart, *Réappropriation. Jalons pour sortir de l'impasse industrielle*, La Lenteur, 2022.

La seconde voie est explorée depuis plus de trente ans par des réseaux comme Inpact[32]. Elle combine les entrées sociales (les liens qui unissent une communauté d'humains et de non-humains pour créer une paysannerie de proximité), environnementales (cultiver et élever en agriculture biologique et durable pour prendre soin de nos interactions avec les non-humains), économiques (faire circuler dans les territoires la valeur économique inhérente à nos besoins alimentaires) et financières (limiter l'endettement, ce piège parfois fatal dans lequel trop de paysans et paysannes ont été précipités). Inscrite dans cette mouvance, Terre de liens participe à repolitiser la question foncière en France, et, partant, les enjeux agricoles et alimentaires.

Un écosystème innovant pour la préservation des terres agricoles

Terre de liens est un mouvement associatif à la source d'une dynamique citoyenne à fort contenu politique. Il rassemble des personnes qui apportent leur énergie, leurs savoirs et leurs savoir-faire pour protéger la terre agricole et en partager autrement les droits d'usage. L'acquisition foncière privée et solidaire constitue son principal levier pour contribuer au nécessaire changement de trajectoire agricole et alimentaire de notre pays. Sans se définir comme tels *a priori*, les membres de Terre de liens contribuent à inventer une nouvelle génération de *commoners*[33]. L'organisation Terre de liens est née en 2003, après cinq années d'un travail porté par plusieurs

32. Inpact (Initiatives pour une agriculture citoyenne et territoriale) est une plateforme de dix ONG développant depuis plus de vingt-cinq ans des alternatives au productivisme agricole. Voir www.pole-inpact.fr
33. À défaut de terme français satisfaisant, nous reprenons le terme anglais donné aux membres des *commons* (communs).

acteurs associatifs[34], des sociétaires de groupements fonciers agricoles (GFA)[35] et des paysan·nes membres ou proches[36] de la Confédération paysanne. À l'époque, les motivations qui poussent ces acteurs à se réunir concernent la difficulté de transmettre et de pérenniser les GFA – ces sociétés d'investissement montées la plupart du temps par des familles ou des cercles d'amis afin d'éviter de s'endetter pour acquérir les terres nécessaires à l'installation ou à la consolidation de leur système agraire. Les terres agricoles, propriété d'un GFA ou d'une société civile immobilière (SCI), sont louées aux agriculteurs et agricultrices pour une durée la plus longue possible. Mais les investisseurs solidaires vieillissent eux aussi. Et lorsque vient la fin de carrière des locataires des terres, il est parfois difficile de renouveler les sociétaires des GFA. La propriété foncière collective risque alors d'être démantelée, fragilisant – jusqu'au démembrement dans certains cas – un regroupement parcellaire réalisé parfois sur des décennies.

Cherchant une solution technique pour résoudre cette difficulté, les fondateurs et fondatrices de Terre de liens imaginent une fondation qui pourrait recevoir ces ensembles fonciers en dons – ou les racheter avec les dons en argent qu'elle collecterait. Mais la création d'une fondation est un chemin long et complexe, encore difficile pour le jeune mouvement associatif Terre de liens en constitution. D'autres solutions sont alors étudiées, qui permettront de mettre en place l'écosystème associatif et financier original du mouvement Terre de liens tel que nous le connaissons aujourd'hui.

34. Notamment l'association Relier (membre de Peuple et Culture), qui animait et coordonnait les travaux de groupes fondateurs.
35. Les GFA sont des sociétés d'investissement. Ils regroupent des personnes physiques qui désirent acheter ensemble des terres agricoles en mutualisant leurs capacités d'investissement. Souvent « familiaux », ils peuvent néanmoins réunir d'autres sociétaires extra-familiaux.
36. Notamment le Mouvement pour l'agriculture biodynamique (MABD).

Le premier pilier Terre de liens, c'est son réseau associatif. En 2023, il est composé d'une fédération nationale, de dix-neuf associations régionales reconnues d'intérêt général, de plus de 7 000 adhérents, dont environ 1 200 bénévoles actifs, 235 administrateurs régionaux et 130 salariés associatifs. La plupart des adhérents et bénévoles de Terre de liens (TDL) sont actionnaires de la Foncière TDL, voire donateurs à la Fondation TDL.

Terre de liens, c'est aussi une foncière créée en 2006[37] sous la forme de société en commandite par actions (SCA), inspirée de l'expérience d'Habitat & Humanisme. La foncière est connue pour être l'un des plus vieux outils du capitalisme, mais la SCA Foncière Terre de liens est sciemment détournée et utilisée à des fins patrimoniales – sanctuariser la terre agricole pour la protéger de multiples mésusages – sans spéculer ni sur la valeur des terres, achetées pour une très longue durée, ni s'approprier une part du travail des fermiers et fermières puisque aucun dividende n'est versé aux actionnaires.

Dans le montage Terre de liens, les actionnaires (personnes physiques ou morales) ne sont pas propriétaires directs des terres et des fermes achetées par la foncière. Ils n'ont aucun attribut du droit de propriété sur les terres : pas de droit d'usage direct des terres (*usus*), ni de droit sur les fruits qui en sont tirés (*fructus*), et moins encore le pouvoir d'en disposer comme bon leur semblerait (*abusus*). Parties prenantes d'une entreprise solidaire d'utilité sociale (Esus), ils ne font « que » mettre la propriété de leurs économies au service d'une propriété mutualisée orchestrée par le mouvement associatif Terre de liens.

37. Elle ne compte d'abord que trois associations régionales, dans la Drôme, à Crest, siège historique du mouvement, en Bretagne et en Picardie, puis bientôt en Nord-Pas-de-Calais et quasiment simultanément en Poitou-Charentes, en Normandie, en Lorraine, etc.

Le troisième pilier du système Terre de liens, c'est la fondation reconnue d'utilité publique, créée en 2013. Elle reçoit des dons en argent, en terres, en fermes, des biens immobiliers, etc. Ayant l'interdiction statutaire de revendre la terre, la Fondation TDL est un véritable « conservatoire des terres agricoles ». C'est le seul des trois outils juridiques Terre de liens qui garantit une protection définitive de la terre agricole. Car, à l'inverse de la Foncière TDL, les biens fonciers de la fondation ne sont pas soumis à un quelconque risque de sortie de capitaux financiers de son patrimoine.

Fin 2022, la Fondation TDL représente 8 800 donateurs, 27 acquisitions foncières, 650 hectares protégés, pour une valeur financière de 75,5 millions d'euros (dont 9,4 millions d'euros de travaux), 74 baux ruraux environnementaux (BRE)[38] signés, pour une valeur financière totale de 6,2 millions d'euros.

De son côté, la Foncière TDL compte en 2022 plus de 17 000 actionnaires, 279 fermes acquises (ou opérations foncières réalisées), 8 300 hectares de terres acquises et 639 baux ruraux environnementaux. À ce jour, Terre de liens est le premier bailleur en France signataire de BRE.

D'un certain point de vue, nous pouvons dire que Terre de liens, à travers ce montage détournant certains outils statuaires du modèle économique dominant, organise un capitalisme de protection (au sens patrimonial du terme) pour sortir du capitalisme d'exploitation. Mais la route est encore longue pour y parvenir réellement. Notamment parce que, sur un peu plus de 8 300 hectares propriété de

38. Créé par la loi d'orientation agricole de 2006, le BRE vise à garantir des pratiques plus respectueuses de l'environnement sur les parcelles qu'il désigne. Il comporte seize clauses possibles définies par la loi. Terre de liens signe des BRE dont la 15e clause n'est pas négociable par le preneur : c'est celle obligeant les fermiers et fermières à cultiver les terres en respectant au moins le cahier des charges de l'agriculture biologique.

Terre de liens, seuls les 650 hectares de la fondation sont aujourd'hui définitivement protégés contre tout risque de retour des terres à l'agrobusiness productiviste. En effet, la Foncière TDL n'est pas à l'abri d'une crise économique majeure qui déclencherait une demande massive et contagieuse de remboursements d'actions. Crise qui, dans ce cas, l'obligerait à liquider ses fermes pour rembourser ces actionnaires en proie à la panique économique. Cependant, l'analyse interne a montré que l'investissement dans la foncière était un actionnariat politique : plus de 85 % des actionnaires sont là pour la très longue durée, la terre restant aussi une « valeur refuge » ; une partie envisage même de faire don de ses actions à la Fondation Terre de Liens.

L'écosystème Terre de liens

Voir le schéma sur l'écosystème des commoners *Terre de Liens à la page suivante.*

Ainsi, être apporteur de capital ou donateur à TDL, c'est entrer dans une classe socio-politique en cours de construction : celle des « *commoners* fonciers ». Le prêt ou le don financier deviennent des actes économiques par lesquels ces apporteurs se rendent solidaires du destin des terres agricoles que Terre de Liens s'est donné pour mission de protéger.

Mais il y a d'autres façons de faire partie des *commoners* TDL. Nous allons rapidement les passer en revue en revisitant quelques aspects concrets du processus d'acquisition et de gestion foncière dans la durée.

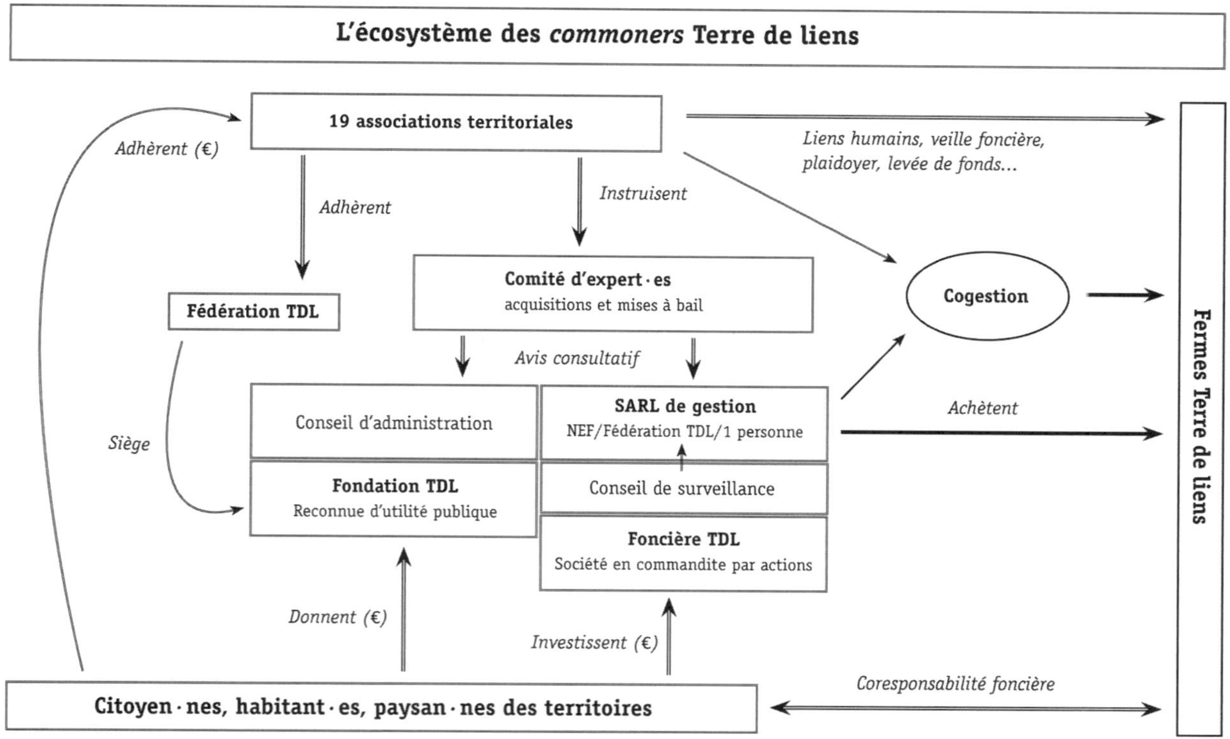

L'écosystème des commoners Terre de liens
19 associations territoriales
Adhèrent (€)
Adhèrent
Instruisent
Liens humains, veille foncière, plaidoyer, levée de fonds...
Fédération TDL
Comité d'expert·es
acquisitions et mises à bail
Cogestion
Avis consultatif
Siège
Conseil d'administration
Fondation TDL
Reconnue d'utilité publique
SARL de gestion
NEF/Fédération TDL/1 personne
Conseil de surveillance
Foncière TDL
Société en commandite par actions
Achètent
Fermes Terre de liens
Donnent (€)
Investissent (€)
Coresponsabilité foncière
Citoyen·nes, habitant·es, paysan·nes des territoires

L'acquisition participative : source de développement de communs fonciers ?

Un projet d'acquisition foncière commence par une rencontre de personnes (habitants d'un territoire, citoyens parties prenantes d'un réseau social élargi, souvent urbain) avec un porteur de projet. De cette rencontre va naître une aventure humaine qui fait que le porteur de projet ne s'installera pas seul, mais en lien avec une communauté d'acteurs et d'actrices les plus impliqués possible dans un territoire : c'est le « groupe local Terre de liens ». Ensemble, ils engagent une veille foncière pour tenter de trouver la ferme et les terres agricoles les plus adaptées au projet agricole.

Ce travail social occasionne de nombreux échanges. Il popularise le projet d'installation et met en alerte les habitants et parfois des élus du territoire, qui, dans l'idéal[39], vont à leur tour devenir des ressources contribuant plus ou moins directement à la réussite de l'installation : en débusquant des opportunités foncières ; en suivant le travail des réseaux de professionnels du développement rural[40] qui apportent leur expertise pour évaluer collectivement la solidité du projet des futurs agriculteurs et agricultrices ; en négociant l'acquisition auprès des vendeurs jusqu'à l'accord sur le prix ; en se confrontant aussi aux coups bas et aux violences dont sont parfois faites les tractations avec certaines institutions clés de la gouvernance foncière ; et enfin, une fois la ferme achetée, pour partie d'entre eux, en suivant la vie au long cours de la ferme devenue « ferme Terre de liens ».

Dans le meilleur des cas, les membres du groupe local deviennent des sortes d'« amis de la ferme TDL » : tantôt

39. Le nombre et la diversité des habitants du territoire où vont s'implanter les porteurs de projet sont très inégaux d'une opération à l'autre.
40. Notamment le regroupement Inpact, qui fédère neuf associations.

« compagnons » et « compagnes » des fermiers et fermières, tantôt médiateurs pour la gestion locative de la ferme (assurant la liaison, parfois rude, entre le propriétaire TDL et les locataires). Certains groupes locaux élaborent, avec les fermiers et les propriétaires, des plans d'écorénovation participative des fermes, d'entretien ou de remise en place d'infrastructures écologiques de la ferme, des études de biodiversité et un suivi de l'évolution environnementale des différents milieux de la ferme, etc. Ainsi, quand il existe (et s'il persiste), le groupe local Terre de liens est l'instance qui concrétise le mieux l'idée de commun foncier. Ressource pour les fermiers, il l'est aussi pour les associations régionales TDL et leurs partenaires, juridiquement propriétaires, avec lesquels il conduit la cogestion solidaire des fermes. C'est avec lui qu'après l'achat le propriétaire solidaire qu'est Terre de liens va traverser les moments critiques de la vie d'une ferme : lors des entrées suivantes de fermiers et fermières, lors du démarrage puis de la stabilisation de l'activité, mais aussi en soutien aux fermiers et fermières qui, seuls ou en couple, traversent parfois des difficultés techniques, économiques, personnelles ou familiales pouvant conduire à l'arrêt pur et simple de l'activité et à la rupture du bail, puis à un départ définitif de la ferme.

Le « commun corporatiste exclusif » en quoi consistait jusqu'ici le monde agricole et foncier est ainsi contesté en actes : d'abord par les acquisitions foncières citoyennes proprement dites, puis par des prises de parole communes. De ces moments et espaces d'interaction et de confrontations sociales naissent des débats territorialisés autour d'un projet de reprise de ferme, bousculant peu à peu les pratiques établies. Sans pour autant que l'on puisse parler aujourd'hui de la mise en place d'une vraie démocratie foncière – et partant d'une démocratie agricole et alimentaire. Démocraties auxquelles manque encore l'entrée en jeu d'une actrice clé : la collectivité territoriale de proximité, communes et intercommunalités (voir encadré).

Le maire de Saint-Dizier (Drôme) joue la carte de l'accès collectif au foncier agricole et de l'installation participative

Partie prenante des années d'études préalables au lancement de la première association Terre de liens, Robert Delage est un maire militant. Éleveur de profession, il est maire de 1983 à 2014, et a été rappelé aux affaires en 2020 pour administrer sa commune, qui compte 49 habitant·es aujourd'hui, contre 25 en 2004. Son implication pour l'accès collectif et solidaire à la terre n'est probablement pas pour rien dans ce regain démographique.

En échec sur l'implication du conseil général et du conseil régional pour cofinancer l'achat d'une ferme propriété d'une indivision (et probablement vouée à disparaître au profit d'un énième agrandissement), Robert Delage fait appel à Terre de liens pour envisager une acquisition collective.

En 2004, à défaut de réussir leur projet de ferme communale, le maire et les candidats se mobilisent contre la disparition de la ferme du Col de Rossas (90 hectares). Le rachat par la Foncière TDL est réussi en 2007. Grâce à de multiples coups de main du réseau mobilisé pour l'acquisition, la ferme est progressivement rénovée par les porteurs de projet et leur entourage solidaire. Un couple d'éleveurs herbassiers (paysans sans terre faisant paître leurs brebis sur les terres d'autrui) peut enfin poser ses bagages et sédentariser son troupeau. L'opération aura également permis de consolider le foncier de la ferme du Palais sauvage (6 hectares), dont le paysan (producteur de petits fruits et confitures en agriculture biologique) était également partie prenante du projet d'accès solidaire au foncier.

En 2009-2010, sur la même commune de Saint-Dizier, c'est la ferme du Bial de Rosas qui est rachetée par Terre de liens. Un couple y développe un élevage extensif de chèvres et de trois vaches pour produire de la viande de chevreaux et divers fromages en agriculture biologique.

En 2020, une seconde ferme se libère dans la commune voisine. Cette fois-ci, ce sont 1 000 hectares que prétend racheter un riche éleveur du sud de la France. Le maire, les fermiers et fermières de la ferme du Col de Rossas se mobilisent de nouveau. En vain. Mais le travail du groupe local aura permis au groupement agricole d'exploitation en commun (Gaec) en place de racheter la ferme, évitant ainsi l'accaparement foncier par un éleveur déjà bien nanti.

« Les groupes locaux se constituent pour chaque opération d'acquisition. Ils retombent en sommeil une fois réussie l'opération pour laquelle ils s'étaient mobilisés. Quelques personnes s'impliquent bien au-delà d'une seule opération, mais la plupart n'enchaînent pas les acquisitions, explique Robert Delage. Chaque opération est un "coup foncier" qui tient à quelques personnes clés, habiles à jouer et à déjouer les jeux institutionnels et politiques qu'occasionne toute mutation foncière. » À la question « depuis 2004, l'implication des territoires sur la question foncière agricole a-t-elle augmenté ? », l'élu répond : « Plutôt non. L'action conjointe entre différents groupes d'acteurs – ceux du PLUI (plan local d'urbanisme intercommunal), du PAT (projet alimentaire territorial) et du monde agricole – n'est pas une évidence, chacun ayant ses priorités. J'ai l'impression que doucement les ponts se construisent. Mais il faut être très présent et, malheureusement, il y a beaucoup d'étoiles filantes. » Autrement dit, socialement, le sujet monte, des habitants agissent. Mais, politiquement, les institutions locales ne sont pas encore pleinement impliquées dans le devenir agricole et alimentaire de leur territoire.

Interpeller les collectivités locales

Pour Terre de liens, la socialisation et la démocratisation des enjeux fonciers passent aussi par l'implication des collectivités locales. Pour ce faire, le réseau associatif a produit des outils techniques et capitalise les expériences[41] pour inspirer les collectivités locales. Il s'agit de les inciter à entrer dans un domaine dont elles sont tantôt légalement exclues[42], tantôt invitées à prendre en charge directement ou indirectement certains aspects et enjeux agricoles, environnementaux, paysagers, etc., mais sans réels pouvoirs régaliens dans ces domaines.

Afin de mettre en scène les raisons plaidant pour un engagement plus fort des collectivités locales dans les questions agricoles, alimentaires et foncières, TDL a cherché à prouver et à rendre visibles les effets positifs possibles si les édiles locaux osaient s'attaquer à ces chantiers devenus cruciaux pour limiter les effets de la catastrophe climatique

41. Voir le centre de ressources Récolte, développé par TDL et l'Inrae, dédié au recueil d'initiatives foncières des collectivités (https://ressources.terredeliens.org/recolte), ainsi que deux guides accessibles sur le site de Terres de liens : *Agir sur le foncier agricole. Un rôle essentiel pour les collectivités* et *Le Guide de la propriété foncière responsable*.

42. Notamment l'article L101-3 du code de l'urbanisme, qui interdit explicitement aux collectivités de décider de l'usage agricole des terres situées sur la commune et dans l'intercommunalité : « La réglementation de l'urbanisme régit l'utilisation qui est faite du sol, à l'exclusion des productions agricoles [...]. »

en cours. Grâce au calculateur parcel-app.org développé par TDL et ses partenaires (la Scic le Basic, pour Bureau d'analyses sociétales d'intérêt collectif, et la Fédération nationale de l'agriculture biologique), ces impacts positifs – gains en emplois agricoles, protection de la biodiversité restante et redéploiement d'une biodiversité cultivée limitant les émissions de CO_2, amélioration durable de la qualité de l'eau, etc. – sont aujourd'hui calculables et projetables à n'importe quelle échelle sociale et spatiale.

Ainsi, nous connaissons maintenant le nombre d'hectares qu'il faut pour se nourrir localement. Par conséquent, nous pouvons organiser une planification de la conversion des terres agricoles locales pour une production biologique destinée à l'alimentation locale, mais aussi pour la solidarité et la sécurité alimentaires de transition qu'il faudra bien continuer d'assurer encore aux échelles interrégionales et internationales, le temps que les transitions alimentaires et agricoles partout dans le monde s'organisent et concrétisent des trajectoires de sortie de la globalisation agroalimentaire dont nous ne pouvons connaître tous les contours aujourd'hui.

Utilisé comme outil de réflexion et de plaidoyer par les groupes locaux TDL et leurs partenaires associatifs proches, le calculateur parcel-app.org fait aujourd'hui autorité pour planifier des stratégies foncières intercommunales[43]. En les couplant à une planification spatiale, sur les vingt-cinq prochaines années, de la conversion à l'agriculture des territoires, il est possible d'interrompre, par le bas, cette folie collective dangereuse ayant politiquement organisé l'abandon de notre souveraineté alimentaire individuelle et collective. Cette souveraineté est aujourd'hui entre les mains de

43. Comme dans la communauté de communes du Douaisis ou la métropole Rouen-Normandie. Une large palette d'exemples est à retrouver sur Récolte.

moins de 400 000 agriculteurs et agricultrices, de trois cents entreprises agro et agri-industrielles et de six distributeurs finaux, qui font système ensemble tout en se battant entre eux pour savoir qui gardera la plus forte marge. Elle laisse 66 millions d'habitants impuissants, assignés à la fonction de consommateurs, condamnés à regarder cet affrontement qui décidera de faire basculer ou non les plus précaires d'entre eux dans les rangs des 2,4 millions de personnes déjà accueillies à l'aide alimentaire[44].

Le principe de précaution ancestral selon lequel « il ne faut pas mettre tous ses œufs dans le même panier » s'applique sans aucun doute aux principes qui devraient guider le gouvernement de notre avenir agricole et alimentaire. En contexte de réchauffement climatique et de ravage néolibéral du vivant et de ses écosystèmes, le dicton sonne aussi comme un appel raisonnable à la remise en route de trajectoires agricoles territoriales multiples permettant de rediversifier les systèmes alimentaires, par l'implantation d'agronomies elles aussi diversifiées et adaptées aux possibilités dites « pédoclimatiques » des territoires (ce que permettent de cultiver ou pas, d'élever ou pas, des sols et des climats). C'est tout l'inverse d'un assujettissement de l'ensemble de l'espace agricole à la monoculture ou à l'élevage standardisé pour ne répondre qu'aux besoins d'industries ayant atteint des niveaux de concentration et de monopoles inédits dans toute notre histoire agricole. Standardisation et disparition des paysanneries en France et dans le monde qui nous rendent d'autant plus vulnérables face à la rupture du moindre rouage du méga-système alimentaire globalisé dont nous nous sommes laissés devenir dépendants.

44. Voir « Étude Profils 2023 : qui sont les personnes accueillies à l'aide alimentaire ? », Banques alimentaires, février 2023.

Avec les départs à la retraite qui vont avoir lieu dans les trois à cinq ans, 5 à 7 millions d'hectares seront libérés. Les questions sociales et politiques cruciales qui devraient faire l'objet d'un vrai débat de société sont les suivantes : qui dessinera l'avenir de ces terres agricoles ? Qui décidera de leur usage ?

Partie prenante de l'économie solidaire et du renouveau des communs

Bien que ne s'en revendiquant pas activement, le mouvement associatif Terre de liens peut sans nul doute être situé dans le giron de l'économie solidaire, comme l'attestent son projet et la gouvernance qui l'accompagne. Face au problème vital et insoutenable que constituent l'épuisement de la terre et sa destruction systémique, des citoyens et citoyennes concernés ont décidé de s'organiser et de créer Terre de liens pour s'imposer, en actes, dans un monde agri-industriel et foncier fermé sur lui-même.

Habitants, citoyens, entrepreneurs solidaires, ils ont développé une expertise[45] permettant une reconnexion au monde agricole et rural et une meilleure compréhension des questions foncières. Posant techniquement un acte politique, ils ont décidé d'acheter des terres, d'en devenir propriétaires pour expérimenter une gouvernance de la propriété qui ne soit plus multi-extractiviste[46], mais avant tout protectrice de la terre et des vivants humains et non humains qui la travaillent et en dépendent.

45. Voir notamment les rapports de Terre de liens, « L'état des terres agricoles en France » (2022) et « À qui appartient la terre ? » (2023).
46. Le terme est à entendre dans le double sens d'extraire une production de la terre, autant que d'extraire, de celles et ceux qui la travaillent, de la valeur ajoutée, de la valeur marchande.

Se considérant avant tout dépositaires de la terre, bien que propriétaires du foncier et des droits qui lui sont traditionnellement et légalement attachés, les membres actifs de Terre de liens ont ainsi remis au goût du jour, tout en les réinterprétant, certains outils de la finance dite solidaire, pour organiser un portage mutualisé de la propriété foncière (SCA Foncière TDL, Fondation TDL reconnue d'utilité publique). Dès lors, les débats, la gouvernance et finalement la régulation des usages et des droits d'accès à la terre l'emportent sur l'exercice direct des attributs des droits de propriété (*usus, fructus, abusus*). En somme, la démocratisation de la gouvernance foncière ainsi que sa gestion éthique et solidaire supplantent l'accumulation foncière à des fins d'exploitation.

En outre, Terre de liens contribue à la multiplication en cours de communs fonciers qui forment localement ce que Karl Polanyi, l'un des pères de l'économie solidaire, appelle les « cadre[s] de relation[s] entre personnes ayant conscience d'une communauté d'intérêts qui entraîne l'obligation morale de ne pas desservir les autres[47] ». Cette réciprocité qui charpente les entreprises solidaires, où, les uns et les autres étant tournés ensemble vers un but commun, chacun prend soin de l'autre pour arriver également à ses propres fins[48]. Ces échanges dans un cadre et pour une cause communs recoupent ce que, à la suite de David Bollier[49], Benjamin Coriat et ses coauteurs ont appelé « le retour des communs[50] », et qu'ils

47. Karl Polanyi, cité par Odile Castel dans « La réciprocité au cœur de la structuration et du fonctionnement de l'économie sociale et solidaire », *Revue française de socio-économie*, n° 1, 2015.
48. Cet « autre » dont font aussi partie les non-humains, que, en suivant Léna Balaud et Antoine Chopot (*Nous ne sommes pas seuls. Politique des soulèvements terrestres*, Seuil, 2021), nous pourrions inclure dans le cercle de *commoners* qui défendent aussi, à leur façon, la terre.
49. David Bollier, *La Renaissance des communs. Pour une société de coopération et de partage*, éd. Charles Léopold Mayer, 2014.
50. Benjamin Coriat (dir.), *Le Retour des communs. La crise de l'idéologie propriétaire*, Les Liens qui libèrent, 2015.

définissent en trois critères clés. Appliqués à Terre de liens, ce sont : un élément naturel menacé (la terre agricole) ; une communauté de personnes (les *commoners*, acteurs locaux et en réseaux) ayant intérêt à le protéger et gérant par eux-mêmes les règles et les droits qui les concernent ; une gouvernance adaptée au projet Terres de liens, visant à retisser des liens pour redéfinir, en tous lieux, la redistribution des droits d'accès à la terre et le contrôle communautaire, voire démocratique, de leur usage.

Inventer des souverainetés alimentaires solidaires

Le phénomène social renaissant des communs, pas encore mouvement politique, est fondamental pour affronter les défis fonciers liés à la lutte pour le ralentissement du réchauffement climatique. Il ouvre la voie vers la nécessaire redécouverte et réinvention des finages – cette étendue d'un territoire villageois « sur lequel un groupe rural, une communauté de paysans, s'est installé, pour le défricher et le cultiver, et sur lequel il exerce des droits agraires[51] ». Pour ce faire, le concept de commun autant que la pratique sociale et politique, chaque fois singulière, dont il rend compte font partie des outils qui nous permettront de relever ces défis pour produire et consommer à nouveau localement.

Il est ainsi essentiel d'accélérer la création de communs agri-alimentaires, donc fonciers, pour avoir une chance de poser, dès à présent, les bases d'une réelle sécurité alimentaire par les souverainetés alimentaires solidaires dont les communs agricoles et fonciers sont le nom : une nouvelle modernité agricole, alimentaire et foncière, démocratique, qu'il nous faut inventer de toute urgence. Il en va de nos

51. René Lebeau, *Les Grands Types de structures agraires dans le monde*, Masson, 1979.

subsistances individuelle et collective (au double sens de « se nourrir de » et de « perdurer sur » cette terre).

La cogestion décrite en introduction étant encore bien en place, il n'y a pas grand-chose à attendre d'un changement par le haut. Or le temps presse. C'est pourquoi nous avons un devoir impératif d'accélérer l'histoire par le bas. D'abord en interpellant les 4,2 millions[52] de propriétaires fonciers agricoles (et les 3,5 millions[53] de propriétaires forestiers) qui, tenant la terre, peuvent en permettre (notamment avec Terre de liens[54]) un usage tourné vers l'intérêt général alimentaire national. Mais aussi en créant dès à présent, et sans loi pour le faire, à l'échelle des 1 254 communautés de communes (et assimilées) qui couvrent aujourd'hui le territoire national, 1 254 « conférences foncières, agricoles et alimentaires citoyennes » et « offices fonciers[55] » intercommunaux. Il s'agirait ainsi d'organiser la mobilisation générale des territoires pour reprendre en main localement et démocratiquement les conditions de leur subsistance, avant que les menaces rappelées en introduction, si elles advenaient, ne nous imposent tôt ou tard une obligation de réapprendre – dans la douleur, la panique et avec tous les risques associés – à cultiver et à manger local.

Mettre en chantier dès maintenant ces conférences et ces offices fonciers, c'est créer les conditions d'un contrat social et politique de transition écologique. Et, peut-être, réussir à le faire dans la paix.

52. « La propriété des terres agricoles en France. À qui profite la terre ? », Terre de liens, 2023.
53. « Forêts en vie », dans « Ces terres qui se défendent », hors-série de *Socialter*, décembre 2022, p. 101.
54. Voir le *Guide de la propriété foncière agricole responsable*, Terre de liens, 2021.
55. Véritables espaces de gouvernance foncière participatifs inscrits au programme de l'Union de la gauche en 1981, ces offices fonciers ont été pensés en 1977 par Edgard Pisani, l'un des artisans de la Révolution verte, dans *Utopie foncière*, Éditions du Linteau, 2010.

CHAPITRE 3
Communs, droits culturels et principes coopératifs : même combat pour l'hospitalité !

Par Prosper Wanner

Prosper Wanner est ingénieur ethnographe au sein des coopératives les Oiseaux de passage et Hôtel du Nord, et maître de conférences associé à l'université d'Aix-Marseille.

Depuis l'adoption de sa première convention culturelle européenne en 1954, le Conseil de l'Europe considère le patrimoine culturel comme une ressource pour le développement humain, la qualité de la vie et l'édification d'une société pacifique et démocratique. Par ce choix, cette institution européenne, la première créée après la Seconde Guerre mondiale, assume pleinement sa responsabilité historique dans la construction européenne, qui fait de la régulation des conflits en Europe, latents ou déclarés, l'un de ses motifs majeurs.

À l'occasion des cinquante ans de cette première convention, les 47 États membres du Conseil de l'Europe ont actualisé leurs engagements, en adoptant à Faro, au Portugal, en 2005, une nouvelle convention-cadre sur la valeur du patrimoine culturel pour la société. La convention de Faro fait de la démocratie, des droits humains et de l'État de droit, fruits des conflits passés, un patrimoine commun. Elle reconnaît le droit au patrimoine culturel comme inhérent au droit de participer à la vie culturelle, tel qu'il est défini dans la

Déclaration universelle des droits de l'homme. Cette convention a été ratifiée par plus de la moitié des États membres du Conseil de l'Europe. Bien que ce ne soit toujours pas le cas de la France, l'Assemblée nationale a reconnu en 2015 que les droits culturels devaient être garantis conjointement par l'État et les collectivités territoriales[56]. Néanmoins, les conditions d'exercice de ces droits restent grandement à mettre en œuvre en France comme ailleurs.

Marseille, laboratoire d'un service public du patrimoine

En 1994, les quartiers nord de Marseille sont devenus, à l'initiative d'une conservatrice du patrimoine de la ville, Christine Breton, un lieu d'expérimentation de ces principes européens, en coopération avec le Conseil de l'Europe et l'université d'Aix-Marseille. De 1995 à 2011, des habitants de ces quartiers ont bénéficié d'une approche intégrée du patrimoine, sous la forme d'un « service public patrimonial ». Des amicales de locataires, des regroupements d'entreprises, des collectifs d'habitants et des groupes de personnes[57] ont contribué à collecter, identifier, étudier, interpréter, présenter, valoriser, protéger et conserver, dans le cadre de l'action publique, des aspects spécifiques du patrimoine culturel qu'elles souhaitaient maintenir et transmettre aux générations futures, comme les récits de leurs luttes sociales, des migrations, de l'école des filles de Saint-Louis, des tuileries du bassin de Séon et tant d'autres.

Ces « communautés patrimoniales », comme les nomme le Conseil de l'Europe, ont ainsi pu exercer leur droit au

56. Article 103 de la loi sur la nouvelle organisation territoriale de la République.
57. Le terme « personne » est ici préféré au terme « citoyen » ou « citoyenne », qui marque une différence en termes de droits et de devoirs pour les personnes n'ayant pas la citoyenneté officielle du pays, comme les expatriés ou les réfugiés.

patrimoine culturel, c'est-à-dire leurs libertés et leurs responsabilités patrimoniales. Elles ont publié des ouvrages, obtenu des classements, collecté et valorisé des archives, programmé les journées européennes du patrimoine, accueilli des résidences artistiques, inventé de nouveaux usages du patrimoine et surtout fait vivre des espaces de dialogue sur les enjeux patrimoniaux[58].

Entre 2009 et 2011, les trois maires de secteur des quartiers nord de Marseille ont adopté symboliquement les principes européens énoncés dans la convention de Faro. Ils ont créé des « commissions patrimoine » pour associer davantage les communautés patrimoniales aux choix d'urbanisme, de développement économique, de programmation culturelle et de politique patrimoniale[59]. Ces commissions ont été des espaces expérimentaux de coopération entre les personnes, seules ou en groupe, les institutions et les élus sur la valeur du patrimoine culturel pour la qualité de la vie et le développement humain dans leurs quartiers. Elles se sont réunies avec les services en charge de l'urbanisme, du patrimoine, du développement économique et de la culture. Cette expérimentation a pris fin en 2013 avec les élections municipales et le départ en retraite, en 2011, de la conservatrice du patrimoine, dont le poste n'a pas été reconduit.

Communs et droit au patrimoine

Bien que courte, cette expérimentation a permis de repolitiser le patrimoine en en faisant une responsabilité partagée entre les élus, les institutions et les communautés

58. Christine Breton, Emmanuelle Taurines et Prosper Wanner, *Valorisation partagée du patrimoine*, Fage Éditions, 2007.
59. Prosper Wanner, « De l'exercice du droit au patrimoine culturel », dans Simona Pinton et Lauso Zagato (dir.), *Cultural Heritage. Scenarios 2015-2017*, Ca' Foscari Digital Publishing, 2018.

patrimoniales. La convention de Faro est devenue un cadre commun pour se réapproprier la fabrique patrimoniale dans ces quartiers et remettre à l'ordre du jour l'implémentation des droits humains fondamentaux, de l'État de droit et de la démocratie. Elle a permis l'expérimentation de nouvelles modalités de coopération des personnes aux affaires d'une collectivité locale, qu'elles concernent l'urbanisme, le développement économique ou le patrimoine culturel.

Chacun a été relégitimé dans le cadre de l'action publique, en reconnaissant que les responsabilités, fonctions et savoirs ne s'équivalent pas et ne s'opposent pas, à partir du moment où ils sont nommés et reconnus : la communauté patrimoniale a un attachement à un patrimoine, le conservateur a une responsabilité publique, l'élu a un mandat politique, les personnes ont des droits culturels. L'éthique du cadre de coopération est une responsabilité partagée. Dans un contexte de défiance entre les élus, les institutions publiques et les personnes, dans les quartiers nord de Marseille comme ailleurs en Europe, l'adhésion à ces principes européens traduit l'affirmation paradoxale d'un désir réciproque de coopération et de politique.

La notion de communs est absente du texte de la convention de Faro. Mais l'idée est présente dans ses approches les plus innovantes avec les définitions de la « communauté patrimoniale », du « patrimoine culturel » et du « patrimoine commun de l'Europe », ainsi que dans le fait de considérer le patrimoine culturel comme une « ressource ». Le patrimoine culturel est ainsi appréhendé comme un « ensemble de ressources héritées du passé que des personnes considèrent, par-delà le régime de propriété des biens, comme un reflet et une expression de leurs valeurs, croyances, savoirs et traditions en continuelle évolution ». Cette définition du patrimoine inclut « tous les aspects de l'environnement résultant de l'interaction dans le temps entre les personnes et les lieux ».

Depuis l'entrée en vigueur en 2011 de la convention de Faro, le Conseil de l'Europe accompagne les États qui l'ont ratifiée dans son interprétation et son application, à travers des « plans d'action Faro » bisannuels. La question des communs est identifiée comme l'une de leurs trois priorités, avec le respect de la diversité des interprétations du patrimoine et la coopération des communautés patrimoniales à l'action publique.

Les enjeux que soulèvent les communs convergent avec ceux des communautés patrimoniales. Celles-ci s'auto-instituent souvent en réaction à la privatisation ou à la centralisation d'un patrimoine, de ses usages et des récits qui lui sont associés, via sa propriété, ses droits d'usages ou son mode de valorisation économique. Elles réunissent des personnes qui attachent de la valeur à des aspects spécifiques de patrimoines qu'elles souhaitent maintenir et transmettre aux générations futures dans le cadre de l'action publique. Elles sont indissociables des patrimoines qu'elles souhaitent protéger, faire vivre et partager : comme à Marseille, « le récit fait communauté et la communauté fait récit ».

Les patrimoines auxquels elles sont attachées ont parfois un statut de communs, qu'il s'agisse de prés communaux, comme dans le village de Viscri, en Roumanie ; d'un espace public, comme le champ de choux à Kaunas, en Lituanie ; d'un bien public inaliénable et inséparable, comme l'Arsenal à Venise, en Italie ; ou de biens domaniaux, comme le fleuve des Aygalades à Marseille. La mise en récit de ce patrimoine commun via un processus de délibération et une décision collective fonde et légitime les communautés patrimoniales. L'enjeu est que l'espace de dialogue reste ouvert.

Ces communautés patrimoniales expérimentent des processus collectifs de délibération et de décision sous la forme d'une coopérative d'habitants et de commissions patrimoine à Marseille, d'un « contrat social » à Viscri, d'un forum d'associations sur l'avenir de l'Arsenal à Venise, et en Espagne de « coopératives de patio » à Cordoue et de « palabres » dans le Distrito 5 à Huelva. L'enjeu est de passer d'une logique où les personnes étaient, au mieux, invitées à « participer » à l'action publique patrimoniale à une logique de coopération avec cette action publique[60]. Il n'est pas de même nature de participer à un projet patrimonial via la collecte participative de mémoires d'habitants, par exemple, que d'y coopérer en étant associé aux décisions concernant ces collectes et leurs usages. Dans le second cas, la responsabilité de la mise en œuvre du processus et de son éthique est partagée. L'action publique s'en trouve de fait modifiée par chaque nouvelle personne qui décide de s'y associer.

La coopérative d'habitants Hôtel du Nord

L'application des principes européens s'est traduite concrètement en 2011 avec la création de la coopérative d'habitants Hôtel du Nord, à l'initiative de la commission patrimoine des 15e et 16e arrondissements de Marseille. Des communautés patrimoniales ont ainsi souhaité renforcer leur capacité à agir sur le réel et à modifier leur rapport aux savoirs, aux savoir-faire et à l'expertise patrimoniale, et participer aux décisions institutionnelles et economiques concernant leur cadre de vie.

60. Prosper Wanner, « De la responsabilité partagée envers le patrimoine culturel », dans *La convention de Faro : aller de l'avant avec le patrimoine*, Éditions du Conseil de l'Europe, 2020.

En 2009, lorsque Marseille a candidaté au titre de capitale européenne de la culture, la commission patrimoine des 15e et 16e arrondissements a imaginé et proposé de créer Hôtel du Nord, une offre d'hospitalité de cinquante chambres d'hôtes chez l'habitant, cinquante itinéraires patrimoniaux et cinquante hôtes pour faire découvrir Marseille par son nord. Le but était de profiter de ce contexte événementiel pour se donner les moyens de valoriser économiquement les patrimoines présents dans les quartiers nord de Marseille, afin de les conserver vivants et d'améliorer l'existence de celles et ceux qui vivent, travaillent et séjournent dans ces quartiers.

Cette proposition a été perçue comme ambitieuse dans ces quartiers où réside presque la moitié de la population marseillaise et qui comptent seulement un dixième des sites protégés de la ville, souvent à l'abandon. Sans oublier que ces quartiers n'existent toujours pas sur les cartes touristiques de la ville et qu'ils restent difficiles d'accès.

Nous avons développé ces hospitalités dans les quartiers des trois mairies engagées sur les principes européens. Les habitants ont pu proposer leur accueil et partager leurs récits dans des chambres d'hôtes, des gîtes urbains, des résidences associatives, lors de balades patrimoniales, d'événements, de marchés, et à travers la publication d'ouvrages, des productions locales et des créations artistiques.

Cette application concrète a demandé un important travail de compréhension et d'adaptation des cadres juridiques existants, notamment en tourisme. Après trois années de lutte, nous avons réussi à faire reconnaître notre droit, en qualité de coopérative, à vendre des séjours autoproduits sans devoir nous immatriculer comme agence de voyages. Par contre, nous n'avons toujours pas obtenu la possibilité d'exercer l'hospitalité marchande en habitat social dans le cadre d'une expérimentation législative.

Les principes européens de démocratie participative promus par la convention de Faro ont trouvé pour partie leur traduction dans les principes coopératifs : Hôtel du Nord est une coopérative d'habitants, c'est-à-dire une organisation non lucrative où l'adhésion est libre, volontaire et ouverte. Le pouvoir est exercé démocratiquement par les sociétaires selon le principe « une personne = une voix ». Ils élisent un conseil de surveillance aux côtés de la gérance. Les personnes résidant à Marseille sont statutairement majoritaires au sein de la coopérative. Pour garantir l'autonomie et l'indépendance de la structure, en qualité de gérant, je dois soumettre au vote de l'assemblée générale tout engagement important, comme la signature d'un contrat de travail en CDI ou d'une convention avec un partenaire public ou privé.

Une école des hôtes a été mise en place pour accompagner, dans une logique d'échange de savoirs et de savoir-faire, les personnes dans l'exercice de ces nouvelles libertés et responsabilités patrimoniales : ouverture de chambres chez l'habitant, découverte des principes européens et coopératifs, création de balades patrimoniales, recherche d'archives, etc. La coopérative a permis de mutualiser la propriété du site internet hoteldunord.coop et d'une marque commune, Hôtel du Nord, résumée par le slogan : « On produit ce que l'on vend, on vend ce que l'on produit ». Hôtel du Nord est la propriété collective de membres des communautés patrimoniales et, en un sens, un patrimoine commun.

L'écriture des statuts et des règles est, depuis sa création en 2011, un processus continu. Les premiers statuts ont été volontairement simples pour que chaque problématique rencontrée soit l'occasion d'un débat et d'une prise de décision démocratique. En douze ans et vingt-deux assemblées générales, la coopérative est devenue une société coopérative d'intérêt collectif (Scic) à conseil de surveillance qui réunit une centaine de sociétaires, dont les trois-quarts ont statutairement une activité liée à la coopérative : hébergeur, auteur, artiste, producteur, chercheur, promeneur, etc.

La plateforme coopérative les Oiseaux de passage

En 2015, la coopérative Hôtel du Nord s'est associée avec d'autres personnes issues du syndicalisme, de l'éducation populaire, de la transition écologique, du tourisme social et de la culture pour développer une plateforme coopérative Internet pour « un autre voyage ». Ensemble, nous avons fondé la Scic les Oiseaux de passage, qui, en 2022, fédère 350 personnes réparties sur une quarantaine de communautés d'hospitalité, essentiellement en France. L'objet de cette plateforme numérique est de promouvoir des offres d'hospitalité et de mener des travaux de recherche sur le sujet. Elle est reconnue à ce titre par les pouvoirs publics comme « jeune entreprise innovante » et mène ses travaux de recherche et développement avec des universités en France et en Europe.

Elle fait partie du réseau national « plateformes en commun » de la Coop des communs, qui réunit depuis 2017 une douzaine de plateformes gérées sous statut coopératif. Leur modèle économique, la logique de ces communs numériques et les différentes formes du travail numérique ont fait l'objet du programme de recherche Tapas (*There are platforms as alternatives*) de 2018 à 2020.

Pour autant, la propriété coopérative de la plateforme numérique n'est pas une fin en soi, dans la mesure où elle s'accompagne d'une analyse critique de l'impact du codage des plateformes collaboratives sur nos relations d'hospitalité, via leurs algorithmes et leur système de notation et de calcul des prix. Nous avons constaté que les plateformes collaboratives touristiques existantes, parfois qualifiées d'éthiques, n'échappaient pas à ce que l'universitaire Gilles Caire nomme l'« isomorphisme institutionnel », qu'il soit normatif, coercitif ou mimétique[61]. Il a largement documenté cette tendance qu'ont les organisations du tourisme social, depuis les années 1980, à homogénéiser leur fonctionnement et leurs activités avec celles du tourisme commercial. Leur statut de société de personnes à but non lucratif n'a pas suffi pour résister et, *in fine*, monter en gamme.

Nous n'avons pas échappé, aux Oiseaux de passage, à ce phénomène lors du développement de notre première version de l'interface numérique mise en ligne en juin 2019. Elle a nécessité deux années de travail et un million de lignes de code pour finalement s'aligner sur les principaux outils du secteur touristique : moteurs de recherche, systèmes de paiement, modalités de classement, gestion de canaux de distribution, logiques de calcul tarifaire, systèmes de réservation centralisés.

Ordres touristiques

L'objet de recherche des Oiseaux de passage porte depuis 2020 sur ce qui est source potentielle d'isomorphisme, c'est-à-dire ce qui cadre et encadre l'exercice de l'activité touristique : ses algorithmes, sa fiscalité, ses logiques tarifaires, ses politiques publiques, sa législation, ses catégories de personnes de

61. Gilles Caire, « Les associations françaises de tourisme : de l'impulsion d'un marché de masse aux difficultés d'un autre tourisme », dans *L'Économie sociale entre informel et formel. Paradoxes et innovations*, Presses universitaires de Rennes, 2007, disponible en ligne.

passage, ses discours et ses techniques d'intermédiation. J'ai réalisé ma thèse en sociologie de 2017 à 2022 sur ce sujet au sein de la coopérative et de l'université Paris-Nanterre, sous la direction de la sociologue Saskia Cousin[62].

Les personnes qui proposent un accueil marchand ont à faire avec ce que nous avons décidé de nommer les « ordres touristiques », c'est-à-dire ce qui ordonne l'exercice de leur métier, leur donne des ordres et les fait entrer dans l'ordre touristique des choses[63]. Les ordres touristiques s'appuient sur leurs propres conventions de calcul, avec la catégorie « touriste », déclinée en visas, statistiques, taxes de séjour et ciblages marketing, le classement en « étoiles » fondé sur le seul confort moderne, et des modalités d'intermédiation discriminantes via des comparateurs, des centrales de réservation et des systèmes de distribution globalisés. Cet ordre touristique ignore nos pratiques d'hospitalité singulières et en commun.

Nous accueillons dans les quartiers nord de Marseille une grande pluralité de personnes de passage en vacances, en stage, en résidence artistique, en déplacement professionnel, en visite médicale ou en transit. Et nous adaptons collectivement nos tarifs, nos services et notre hospitalité à chacune de leur situation. Par exemple, l'accueil des aidants de l'hôpital nord se discute collectivement. Leur lieu d'accueil, la tarification et leur accompagnement sont ajustés à chacune des situations et mobilisent plusieurs hôtes, du marchand, du non-monétaire et du non-marchand. Un aidant peut être logé chez un hôte de la coopérative, partir en balade avec un deuxième, lire l'ouvrage d'un troisième et rencontrer les autres au marché qu'ils organisent devant l'hôpital. Et l'hospitalité

62. Autrice avec Bertrand Réau de *Sociologie du tourisme*, coll. « Repères », La Découverte, 2016.
63. Prosper Wanner, *Tourisme social, économie collaborative et droits culturels : ethnographie d'une coopération complexe*, thèse soutenue à l'université Paris-Nanterre, 2022.

n'est pas forcément segmentée ou déléguée : un hôte peut être, selon les cas, hébergeur puis baladeur, producteur et auteur. La communauté qui prend soin des patrimoines est la même qui accueille. La coopérative sert d'espace de discussion, de prise de décisions démocratiques et de mise en œuvre de ces décisions avec la nomination de référents, l'adoption de protocoles d'action et de principes d'hospitalité.

Or les ordres touristiques nous proposent principalement une relation bilatérale, de consommateur à entreprise, en « B to C » (*business to consumer*). Avec l'essor du numérique, la relation se déplace de plus en plus de la personne que nous accueillons vers l'interface de réservation en ligne qui capte et gère nos préférences, nos historiques et nos échanges, au point parfois que la relation avec les personnes de passage devienne « une relation sans relation[64] ». L'intermédiation est toujours plus automatisée, calculée et sans contact. Les ordres touristiques incitent à un accueil toujours plus équipé, privatisé, serviable et intermédié. Le choix d'une relation d'hospitalité devient le fruit d'un *benchmark* qui compare, trie, hiérarchise, et de stratégies de *stress marketing* qui poussent à l'achat impulsif. Le choix d'une hospitalité se fait sur la base de son confort moderne, de sa géolocalisation, de sa notation et de son tarif. Les valeurs cardinales des ordres touristiques sont la capacité à consommer que mesure le panier moyen, la mise en compétition des accueils via les algorithmes et le nombre d'étoiles. En ce sens, la question n'est pas seulement la propriété de ce commun numérique, mais bien ce qui pourrait être qualifié, en suivant Bruno Latour, de « boîte noire » de l'ordre touristique[65].

64. Michel Callon, *L'Emprise des marchés. Comprendre leur fonctionnement pour pouvoir les changer*, La Découverte, 2017.
65. Bruno Latour, *La Science en action*, La Découverte, 1989.

Ce qui compte et ce qui ne compte pas

Les algorithmes et les systèmes de classement touristique ne retiennent pour leurs calculs qu'une infinité des données disponibles sur nos hospitalités. Le contributif, le coopératif, les communs, la solidarité, le vivant, le dissonant, pour ne citer que ces exemples, sont ignorés des conventions de calcul touristique, contrairement au serviable, au privatif, au remarquable, au niveau d'équipement, au panier moyen et au sans-contact.

Nos données relèvent en grande partie de ce que les développeurs appellent les données « non structurées », qui représentent 80 % du big data. Elles proviennent de nos interactions sociales, de nos livres d'or, de nos récits, de nos milieux de vie, de nos créations artistiques, de nos recherches patrimoniales, de nos langues locales, de nos hospitalités et de nos engagements. Elles peuvent prendre la forme de la voix d'un hôte, d'une œuvre d'art, d'un dessin de voyageur ou d'une carte sensible. Ce sont ces données qui font que nos hospitalités sont sources de singularités, d'événements, de résonance, de poésie et d'humanité. Elles nous permettent d'être unis sans être uniformes, tout comme d'entrer en relation.

Alors *quid* de nos « communautés d'hospitalité », comme Hôtel du Nord, qui prennent soin des communs comme des singularités ? *Quid* des communautés engagées sur des enjeux de transition sociale et écologique ? Comment entrer en relation avec elles ? Et réciproquement, comment peuvent-elles ne pas être marginalisées ou condamnés à l'isomorphisme ? Peut-on calculer autrement que selon les ordres touristiques ? Existe-t-il des conventions de calcul qui leur sont favorables ?

Ces communautés sont pourtant nombreuses, parfois anciennes : parmi les membres de la coopérative les Oiseaux de passage, on compte les organisations de tourisme social, le réseau Accueil paysan, les associations d'écotourisme, les territoires en transition, les parcs naturels régionaux ; sans oublier toutes celles qui accueillent les personnes de passage non prises en compte par les ordres touristiques, comme les saisonniers, les aidants, les jeunes travailleurs et les réfugiés.

Ré-ancrer l'hospitalité

Avec plusieurs de ces communautés d'hospitalité, des professionnels et des universitaires, nous menons un travail de recherche-action au sein des Oiseaux de passage pour pouvoir exercer l'hospitalité « autrement » que celle prescrite par les ordres touristiques. Notre outil de recherche reste notre interface d'hospitalité. Nous expérimentons comment passer du « B to C » au « H to H », c'est-à-dire d'une relation intermédiée de consommation à une relation directe d'humains à humains. Nous cherchons comment entrer en relation sans comparateur, sans calcul automatique des tarifs et sans standardiser. Les communs et l'hospitalité sont depuis 2016 nos deux fils rouges. La convention de Faro et les principes coopératifs nous servent de cadre de référence. Sur l'interface, nous nous présentons comme des « communautés d'hospitalité » et à travers nos récits communs. Les personnes de passage découvrent les relations possibles en naviguant parmi les récits, les communautés, les hôtes et leurs hospitalités. Le contact est direct et les données non structurées singularisent chaque personne, communauté et hospitalité.

Après plusieurs expérimentations d'interfaces et un programme de recherche de deux années, terminé à la fin 2022 en coopération avec la région Nouvelle-Aquitaine et l'université de Poitiers, nos conclusions sont qu'il ne faut plus chercher à innover mais bien à inventer. Le terme «innover» vient du latin *in-novare*, c'est-à-dire «renouveler du dedans» – alors qu'«inventer», *in-venire*, consiste à partir de ce qui est «en devenir». Nous avons décidé de penser au-delà des ordres touristiques, afin de partir des pratiques existantes des communautés d'hospitalité et de trouver des conventions de calcul qui leur soient favorables.

Au-delà de l'invisibilisation de nos pratiques communes, de nos données poétiques et de nos passagers autres que les touristes, ces ordres touristiques sont de plus en plus une source de préoccupations dans la société, au vu de leurs impacts multiples : impact foncier facteur d'anti-tourisme, impact professionnel source d'une grande démission, impact économique de moins en moins favorable à l'accès aux vacances pour tous, impact climatique. Concernant ce dernier, le système de classement des hébergements touristiques «durables» actualisé en 2022 continue à privilégier le suréquipement et les grandes surfaces privatives, à l'encontre des dernières recommandations de l'Agence de la transition écologique (Ademe) en matière de sobriété et de petites surfaces.

À la suite du philosophe Bernard Stiegler, nous cherchons des façons de calculer qui ne détruisent pas l'incalculable[66]. Il reprochait – à juste titre selon nous – aux développeurs d'avoir oublié la poésie dans leurs calculs algorithmiques. Un standard de calcul n'est pas forcément source de standardisation : la musique comme la poésie en sont de beaux exemples. Un instrument de musique repose sur un standard qui permet l'improvisation, le solo, la polyphonie, la dissonance et l'orchestration. La poésie et le théâtre reposent tout autant sur des conventions de calcul. Ces standards

66. «Le grand désenchantement», entretien avec Bernard Stiegler, *Le Monde*, 21 février 2011.

favorisent le raisonnement comme la résonance. Les blogs et Wikipédia ne reposent-ils pas, eux aussi, sur des algorithmes qui permettent à chacun de se singulariser tout en produisant des savoirs communs ? Et ne sont-ils pas source de mise en relation ? Nous avons décidé de poursuivre nos travaux de recherche et développement sans ignorer à l'avenir les personnes, les pratiques et les données non calculées, incalculables et imprévisibles.

Combat commun

Malgré les discours sur les valeurs d'humanisme et de durabilité du tourisme, portés au niveau des Nations unies par l'Organisation mondiale du tourisme, les conditions d'exercice de l'accueil au quotidien qu'imposent les ordres touristiques se révèlent peu favorables à l'application de ces valeurs. Nos engagements sur les enjeux de transition écologique et sociale se heurtent aux ordres touristiques, sources d'isomorphisme ou de marginalisation. Pour revenir aux communs, si une attention a été portée à leur définition, à leurs règles de gestion et au lien avec les communautés qui en prennent soin, il semble important de développer une approche phénoménologique des outils et conventions de calcul qui nous mettent en relation avec ces communs et ces communautés.

Le concept de « communauté d'hospitalité » désigne et nomme cette forme collective de prise en compte de la pluralité des personnes accueillies et des communs partagés au même titre que de la diversité de formes d'accueil qu'elle nécessite. Elle est composée des personnes qui accueillent, des tiers de confiance, des personnes de passage, des lieux et de toutes celles et tous ceux qui participent à l'hospitalité. Ce terme de communauté d'hospitalité est celui qu'ont retenu les membres des Oiseaux de passage pour se présenter collectivement par destination. Ces communautés s'appuient tout autant sur le patrimoine juridique et professionnel des organisations du tourisme social que sur les pratiques qui émergent autour des communs, telles les licences *creative commons*.

En ce sens, en nous engageant pour des coopératives, pour des communs et pour les droits humains, nous poursuivons des histoires d'engagement et d'utopies inabouties, ces « flèches de futurité » qui n'attendent que d'être libérées, pour reprendre les mots du philosophe Paul Ricoeur[67]. Les principes coopératifs, les droits culturels et les communs ne sont pas des engagements différents qui seraient amenés à converger ou à démontrer leurs similitudes, mais les fruits d'un même processus historique pour faire humanité ensemble. Les habitants des quartiers nord de Marseille ont choisi le terme de coopérative autant pour l'existence du statut juridique que pour son appartenance à une longue histoire de lutte ouvrière bien présente dans ces quartiers. Les communs, les droits culturels et les coopératives relèvent d'un même combat.

67. Dans Peter Koslowski (dir.), *Imaginer l'Europe. Le marché intérieur européen, tâche culturelle et économique*, Cerf, 1992.

CHAPITRE 4
Les tiers-lieux, des espaces de sociabilité pour renouveler la vie en communs

Par Aurélien Denaes et Fanny Le Brech

Aurélien Denaes est praticien en facilitation de collectifs et pilotage de tiers-lieux coopératifs.

Fanny Le Brech est praticienne de dynamiques coopératives et de tiers-lieux.

Tous deux sont coordinateurs de l'association A+ c'est mieux !, fédérant des tiers-lieux et des travailleurs de tiers-lieux. Ils ont effectué en 2021 une recherche-voyage « Au tour des communs », un tour de France à vélo en quête d'initiatives collectives locales.

Les démarches collectives, citoyennes, engagées façonnent l'histoire humaine. Pour les former, les mettre en œuvre, il a toujours fallu se réunir dans des espaces physiques. Ces espaces de rassemblement permettant l'expression et la formation d'initiatives communes ont pris tour à tour les noms d'agora, taverne, café, bourse du travail, centre social, maisons des jeunes et de la culture (MJC), etc. Aujourd'hui, le terme « tiers-lieu » monte en puissance en France pour évoquer ce réenchantement « des espaces de sociabilité favorisant les initiatives citoyennes[68] ». Cette expression apparaît dans un contexte d'affaiblissement démocratique, d'éloignement des centres de décision, de recul des services publics et de crises écologiques et sociales systémiques.

68. Définition du tiers-lieu entrée dans le dictionnaire Le Robert.

En 1969, la sociologue américaine Sherry Arnstein soulignait que la participation citoyenne est indissociable du pouvoir citoyen et elle proposait l'échelle de participation suivante[69].

<table>
<tr><td>Manipulation : information biaisée utilisée pour « éduquer » les citoyens en leur donnant l'illusion qu'ils sont impliqués dans le processus.</td><td rowspan="2">Non-participation</td></tr>
<tr><td>Thérapie : traitement annexe des problèmes rencontrés par les habitants, sans aborder les vrais enjeux.</td></tr>
<tr><td>Information : les citoyens reçoivent une vraie information sur les projets en cours, mais ne peuvent pas donner leur avis.</td><td rowspan="3">Coopération symbolique</td></tr>
<tr><td>Consultation : des enquêtes ou des réunions publiques permettent aux habitants d'exprimer leur opinion sur les changements prévus.</td></tr>
<tr><td>Conciliation : quelques habitants sont admis dans les organes de décision et peuvent avoir une influence sur la réalisation des projets.</td></tr>
<tr><td>Partenariat : la prise de décision se fait au travers d'une négociation entre les pouvoirs publics et les citoyens.</td><td rowspan="3">Pouvoir des citoyens</td></tr>
<tr><td>Délégation de pouvoir : le pouvoir central délègue à une communauté locale le pouvoir de décider d'un programme et de le réaliser.</td></tr>
<tr><td>Contrôle citoyen: une communauté locale gère de manière autonome un équipement ou un quartier.</td></tr>
</table>

69. Sherry Arnstein, « A ladder of citizen participation », *Journal of the American Institute of Planners*, vol. 35, n° 4, 1969, p. 216-224.

Elle y notait que la phase la plus poussée de la participation citoyenne est le contrôle citoyen, avec une communauté locale gérant de manière autonome un équipement ou un quartier. Cela fait écho au réenchantement des communs favorisé par les travaux d'Elinor Ostrom. En effet, à partir de la fin des années 1960, l'idée d'une incapacité des communautés locales à gérer elles-mêmes leurs ressources et à ne pas les surexploiter s'est imposée par l'intermédiaire de Garrett Hardin[70]. Cette théorie, devenue rapidement hégémonique, semblait acter que la privatisation et le marché seraient les meilleures solutions pour la gestion des ressources. Mais Elinor Ostrom[71] a démontré qu'il existait, pour préserver durablement des ressources, une autre solution que l'État-Léviathan ou la propriété individuelle liée au marché : l'auto-gouvernement par une communauté locale. Elle en a défini les éléments clés d'émergence et de pérennité : la confiance et la réciprocité.

Cette idée forte est l'une des caractéristiques fondatrices de la notion de tiers-lieu, ces espaces de sociabilité construits par et pour des communautés. En 1989, Ray Oldenburg[72], sociologue urbain, en a démontré l'utilité pour la vitalité sociale et démocratique. Ces lieux ont certes toujours existé dans l'histoire, mais leur nombre a fortement diminué depuis la fin de la Seconde Guerre mondiale sous l'effet du développement périurbain, avec les banlieues pavillonnaires ou les cités-dortoirs. Alors que les services publics de proximité ont subi un écrémage en France et que l'individualisation du travail, subie ou choisie, et le télétravail ont réduit la sociabilité en entreprise, le besoin d'espaces sociaux n'a jamais été aussi fort.

70. Garrett Hardin, « The Tragedy of the Commons », *Science*, vol. 162, n° 3859, 1968.
71. Elinor Ostrom, *Governing the Commons. The evolution of institutions for collective action*, Cambridge University Press, 1990.
72. Ray Oldenburg, *The Great Good Place*, Paragon House Publishers, 1989.

Les citoyens coconstruisent donc de nouveaux espaces de sociabilité, tout d'abord pour répondre à leurs propres besoins, pour recréer du lien local permettant d'augmenter leur propre bien-être, pour mutualiser des ressources dans un contexte économique difficile, ou encore pour se sentir de nouveau utiles et redonner du sens à leur vie. Ils peuvent aussi les envisager dans un sens plus militant, en créant des espaces concrets de résistance à des politiques institutionnelles ne respectant pas des principes fondamentaux tels que « liberté, égalité, fraternité », ou à des dynamiques économiques prédatrices préférant le profit à court terme à la protection du vivant.

En 2021, il y avait environ 2 500 tiers-lieux en France. Ils représentaient 6 300 emplois directs et 2 millions de personnes venaient y réaliser des projets ou travailler, quotidiennement pour 150 000 d'entre elles[73].

Un rassemblement d'individus avant tout

La première mise en commun dans les tiers-lieux est celle d'aspirations d'individus cherchant à être en lien avec d'autres. Ces personnes peuvent découvrir un tiers-lieu déjà existant en y venant échanger ou manger, puis elles y restent et s'y engagent à la recherche d'un sens collectif. Par la rencontre, le partage d'idées et la mise en œuvre d'actions concrètes avec d'autres personnes parfois éloignées de leur univers socioculturel, elles y trouvent des moyens de s'adapter, de s'améliorer ou tout simplement de mieux vivre en collectivité. En y consacrant volontairement un peu de leur temps, de leur énergie, de leur créativité, voire de leurs ressources

73. Selon le rapport 2021 de France Tiers-lieux, « Nos territoires en action. Dans les tiers-lieux se fabrique notre avenir ! ».

financières, elles participent à un projet commun transcendant leur individualité. Elles y découvrent de nouvelles façons de faire et d'être, et d'autres pratiques leur permettant de multiplier leur capacité d'action individuelle.

Par les expériences vécues au sein de ces communautés de vie et de travail, les individus construisent des liens forts qui développent la volonté de prendre soin des autres. Cela contribue à accroître le bien-être général de la communauté en question et le sentiment commun de réappropriation de l'environnement direct.

L'Après M, dans les quartiers nord de Marseille, en est un exemple : un ancien restaurant McDonald's récupéré pendant le premier confinement dû au covid-19 par d'ex-salariés licenciés pour avoir combattu les pratiques de la multinationale. Ils y organisent efficacement un réseau de solidarité entre habitants, la mise en place de distributions alimentaires, des dons de vêtements, un restaurant d'application, etc. De nombreux habitants du quartier y sont devenus contributeurs et ont ainsi développé un attachement émotionnel à cette communauté d'entraide.

Ressources en commun

La mise en commun des tiers-lieux la plus visible est celle des ressources physiques que sont les espaces et le matériel qui s'y trouve. Cette mutualisation réduit les coûts pour tous les usagers. C'est le cas pour les travailleurs autonomes et indépendants, qui peuvent ainsi accéder à des espaces communs au lieu de rester seuls, des artisans partageant du matériel et des outils spécialisés, ou encore des personnes éloignées du numérique accédant tout simplement à des ordinateurs.

Si les locaux des tiers-lieux sont souvent loués ou mis à disposition par des collectivités, parfois sur une courte durée pour tester l'activité, ou plus longuement par l'intermédiaire de baux emphytéotiques[74], certains réussissent à faire de l'espace un bien commun en acquérant le foncier. Ce cas de figure semble de plus en plus envisageable, malgré les faibles marges de manœuvre financières des tiers-lieux, avec le soutien récent de foncières solidaires[75], de collectivités ou de banques coopératives. Casaco, espace de travail partagé constitué sous la forme d'une société coopérative d'intérêt collectif (Scic) à Malakoff (Hauts-de-Seine), a ainsi acquis son bâtiment de 500 mètres carrés en centre-ville auprès de la municipalité qui le lui avait loué pendant six ans. Le soutien financier de membres de la communauté, particulièrement d'une Scop, a permis l'entrée en jeu de trois banques coopératives. Après le remboursement des prêts, dans quinze ans, ce bâtiment deviendra un bien commun à part entière.

De même, la mise en commun de matériel, qui peut bénéficier de l'appui de subventions de la puissance publique, rend accessible (gratuitement ou à des tarifs abordables) des machines qui ne le seraient pas pour des individus isolés. Dans les fablabs[76], elle permet l'usage de découpeuses laser ou de fraiseuses numériques, développant ainsi les capacités créatives et productives de ses usagers, en proximité. Ce matériel mutualisé a un impact environnemental positif,

74. Bail immobilier ou contrat de location à durée extrêmement longue. En échange de l'amélioration du bien, un loyer très faible est demandé. À la fin du bail, les améliorations bénéficient au propriétaire, qui n'a pas à verser d'indemnités au locataire.
75. Par exemple Bellevilles, Base commune ou La Main, Foncièrement culturelle.
76. Espaces locaux de fabrication numérique qui facilitent la créativité en donnant accès à des outils et des machines mutualisés et à des savoirs transmis en leur sein et, plus largement, au sein d'une communauté internationale se retrouvant par Internet.

puisqu'il contribue à limiter les achats individuels d'outils qui resteraient peu utilisés.

Réappropriation des savoirs, mutualisation des compétences

Les tiers-lieux sont aussi des espaces apprenants, même si ce n'est pas toujours explicité au sein du lieu. Imprégnés des principes d'éducation populaire, ils proposent un rapport désinstitutionnalisé aux savoirs, où chacun peut partager ses connaissances tout en bénéficiant de celles des autres. C'est rendu possible par l'existence d'un espace physique favorisant la rencontre et l'échange, et par cette dynamique de communauté - non hiérarchique - donnant envie d'apprendre mais aussi d'aider les autres à progresser.

Ce principe est prégnant dans les communautés fablabs, où un spécialiste de l'électronique peut se mettre en interaction avec un designer ou une bricoleuse du dimanche pour créer un nouvel objet et que chacun puisse monter en compétences. Cela peut aussi se retrouver dans des tiers-lieux nourriciers, où des néo-paysans échangent sur leurs pratiques de culture pour protéger leurs récoltes ou améliorer leurs rendements.

Autre aspect important de la culture des tiers-lieux : la documentation. Grâce à l'outil informatique, les expérimentations et savoirs sont rassemblés et diffusés par Internet pour bénéficier à tous. Provenant de développeurs informatiques qui souhaitaient collaborer efficacement, particulièrement sur des outils libres, cette culture s'est répandue dans les communautés de tiers-lieux. Rendre accessibles leurs tests et leurs erreurs permet aux autres dynamiques collectives de ne pas partir de zéro et d'expérimenter à leur tour sans reproduire les mêmes erreurs. Cette attitude reprend un principe biologique appelé la stigmergie[77], qui a particulièrement été analysé avec les insectes sociaux tels que les fourmis ou les termites, qui laissent des traces pour aider leurs congénères à continuer une tâche. Par effet de reproduction, cette culture se diffuse dans les communautés locales. Résultat : des bases de connaissance accessibles à tous deviennent de plus en plus denses et partagées.

Décloisonnement et méthodes coopératives

Un autre apport des tiers-lieux est la diffusion à l'échelle locale de méthodes de gestion de projets collectifs bénéficiant directement au territoire. Les animateurs et facilitateurs de tiers-lieux déploient des processus pour faciliter la conversation, mettre en interaction, faire coopérer, mettre en visibilité des projets, etc. Leurs actions aident au décloisonnement des acteurs du territoire et des typologies d'acteurs (citoyens, entreprises, associations, collectivités, etc.) en organisant des rencontres. Certains tiers-lieux instaurent des espaces d'interaction ouverts aux travailleurs, membres et sociétaires du tiers-lieu ainsi qu'aux partenaires du territoire, permettant de faire émerger un besoin et des réponses à ce besoin par un événement, une activité, une pratique, voire un nouvel espace. Ces personnes sont alors encouragées à devenir actrices de la dynamique collective en s'emparant à leur tour du cadre d'échanges qui leur est proposé, ce qui ouvre le champ d'une culture coopérative de territoire.

77. Mécanisme de coordination indirecte entre les agents. Le principe est que la trace laissée dans l'environnement par l'action initiale stimule une action suivante, par le même agent ou un agent différent. De cette façon, les actions successives ont tendance à se renforcer, conduisant ainsi à l'émergence spontanée d'activités cohérentes, apparemment systématiques.

Mise en visibilité et bannière commune

Les actions et projets collectifs qui émergent dans la communauté du tiers-lieu, ou en lien avec elle, bénéficient de la notoriété du tiers-lieu lui-même. Par son ancrage et la force de sa dynamique communautaire, cet espace et sa bannière commune sont reconnaissables et valorisés. Par exemple, la Tresse est un réseau des acteurs de l'économie sociale et solidaire du 13e arrondissement parisien, initié par le tiers-lieu ESSpace. Elle met les acteurs en relation, leur propose des actions pour accroître leurs compétences et impulse des projets collectifs utiles au territoire. Cette bannière commune autour d'un tiers-lieu apporte une visibilité auprès de la puissance publique et du grand public. Les tiers-lieux sont donc pour la plupart des biens communs ainsi que des ressources partagées et gérées par une communauté. Ils sont, de ce fait, indissociables de la pratique du *commoning*, c'est-à-dire de l'engagement d'un « processus social par lequel un groupe de gens – des pairs – s'organisent pour gérer des ressources, des savoirs, des espaces et autres domaines[78] ».

Pratiques démocratiques de proximité

La dynamique des tiers-lieux semble prendre de l'ampleur à mesure que le mythe d'une souveraineté du peuple par le seul vote de ses représentants diminue. Les citoyennes et les citoyens participent en effet avec de moins en moins d'enthousiasme au jeu électoral, qui peut leur sembler éloigné de leurs préoccupations quotidiennes et dans lequel l'implication peut s'avérer difficile d'accès. De même, la participation à

78. Silke Helfrich et David Bollier, « *Commoning* », dans Marie Cornu *et al.* (dir.), *Dictionnaire des biens communs*, PUF, 2021, p. 206.

des manifestations, nécessaire pour une démocratie vivante, peut vite devenir frustrante et contre-productive quand elle ne permet pas de véritable changement politique. Après l'indignation, de nombreux citoyens se posent donc la question de la mise en action. Au-delà d'actions concrètes de désobéissance civile, les projets de territoire comme les tiers-lieux sont une réponse de plus en plus pertinente parce qu'accessible et palpable. Ils permettent de mettre en œuvre ce en quoi les citoyens croient – éventuellement en réponse directe à un besoin ressenti collectivement – avec des résultats concrets et immédiats.

Conception collective

Inspirés par les domaines de l'architecture, de l'urbanisme ou du design participatif, les tiers-lieux ont fait de l'intégration des usagers au cœur de la conception un principe méthodologique. Dans une majorité d'entre eux, les futurs usagers et parties prenantes sont impliqués et mis en situation de coopération, en particulier grâce à des méthodes d'intelligence collective. La multiplicité des approches et des idées renforce le projet initial et lui donne de la substance. Cette conception collective passe aussi par la préfiguration des activités sur un site, permettant, par la vie sur place, de tester des usages ou des hypothèses d'activité. C'est ce que permet particulièrement l'urbanisme transitoire[79]. Cette approche est aussi à l'œuvre avec les chantiers participatifs qui pratiquent la maîtrise d'usage[80]. Au Hangar Zéro, au Havre, un

79. Pratiques d'urbanisme consistant en l'occupation temporaire de lieux publics ou privés vacants, généralement comme préalable à un aménagement pérenne.
80. « La maîtrise d'usage est un moyen de donner une place active et décisive aux usagers en postulant que la pratique génère un savoir. Dit autrement, le fait de se positionner "en bout de chaîne" d'une action par l'usage d'un objet ou d'un service ne justifie pas d'être exclu des processus d'élaboration en amont de cet objet ou de ce service, de quelque nature qu'ils soient. » Alain Vulbeau, « La maîtrise d'usage, entre ingénierie participative et travail avec autrui », *Recherche sociale*, n° 209, 2014.

ancien lieu de stockage est réhabilité dans le quartier portuaire pour en faire un laboratoire humain de la transition écologique. L'équipe à l'initiative du projet a très vite ouvert le chantier à de nombreux contributeurs, amateurs, professionnels ou ex-professionnels. S'y rencontrent des ouvriers des chantiers navals, des artisans en activité, des retraités, des précaires, des habitants du quartier, etc. Ils s'organisent collectivement, réfléchissent aux contours du projet et passent des moments conviviaux au bar de chantier après les travaux. Le projet collectif, en restant ouvert à de nouvelles contributions ou compétences, s'est étoffé, solidifié, et a gagné en cohérence.

S'il faut bien reconnaître l'importance d'initiatives individuelles pour rassembler les premiers contributeurs et réfléchir aux pistes de travail commun, l'enjeu principal des tiers-lieux réside bien dans l'intégration progressive de nouvelles énergies et intelligences dans la communauté.

La confiance, base de la contribution

Pour favoriser l'envie de participer à la cogestion d'une ressource, Elinor Ostrom a démontré que la confiance était une base fondamentale. Elle est mise en œuvre dans les tiers-lieux de différentes manières : grâce à une ouverture inconditionnelle de l'espace permettant à tout public, dont ceux marginalisés, de se sentir à l'aise ; en laissant libre l'usage de ressources, en confiant par exemple les clés d'un espace sans surveillance ; avec l'ouverture de la participation au fonctionnement du tiers-lieu ou aux décisions collectives de l'organisation. Ainsi, la Cocotte solidaire, à Nantes, une cantine de quartier, rassemble des personnes précaires et d'autres qui le sont moins pour cuisiner en chœur avant de participer à un repas avec d'autres convives. Donner les clés d'une cuisine professionnelle est un marqueur de confiance qui ouvre la voie à une adhésion au projet et à d'autres contributions réciprocitaires. Le repas est proposé à tarif libre – autre marqueur de confiance suscitant un intérêt plus étendu pour le projet social.

Laisser la place, faire confiance est ainsi le défi que doivent relever quotidiennement les communautés des tiers-lieux. Un des moyens d'y arriver est de responsabiliser les parties prenantes en déterminant et en diffusant un cadre adaptatif, clair et transparent.

L'information ou le pouvoir des murs

Dans l'échelle élaborée par Sherry Arnstein, l'accès à l'information est un point clé dans le processus de participation des citoyennes et citoyens. Rendre visible ce qui se passe dans une organisation collective, expliciter son fonctionnement et permettre à chacun de contribuer au projet sont des préalables démocratiques. Les espaces virtuels, quoique incontournables pour se rendre visible, ne sont pas suffisants, d'autant plus dans un contexte de fracture numérique. Aux Grands Voisins, ex-espace transitoire sur le site d'un ancien hôpital à Paris, de nombreux affichages expliquaient le projet, au-delà de la programmation. Le grand tableau « Entre Voisins », notamment, fournissait des informations sur le fonctionnement de l'organisation et affichait les derniers comptes rendus des différents comités.

À l'Argonaute, espace de travail partagé à Auray, dans le Morbihan, une « Bullothèque » – un mur de libre expression pour les membres de la communauté – se trouve dans l'espace de repas collectif. Les murs des tiers-lieux sont donc autant d'espaces d'informations et d'interactions avec les parties prenantes. Comme pour tout mécanisme collectif, cela nécessite tout de même de l'animation pour que l'information ne devienne pas désuète, illisible, voire une source de conflits.

La facilitation, ce travail au service de la communauté

Pour accompagner le projet collectif, son appropriation, son ouverture et favoriser le débat constructif au sein du tiers-lieu, un travail doit être mis en œuvre : la facilitation. Il peut être porté par une personne nommée « facilitatrice », « médiatrice » ou « concierge ». Ce rôle, qui peut être tournant, aide tout d'abord à gérer les conflits d'usage des espaces ou des outils. Il peut aussi favoriser l'accueil inconditionnel dans l'espace, l'hybridation des publics pour créer de la cohésion sociale ou la mise en relation d'acteurs pour développer des coopérations.

Ce travail venant en support d'autres fonctions visibles par le public ou les financeurs, il peut s'avérer difficile pour les tiers-lieux, structures territoriales souvent précarisées, de le financer et donc d'assurer une ouverture et une âme collective du projet.

La Scic, outil statutaire pour la coconstruction territoriale

Les modèles de portage d'un tiers-lieu sont nombreux, mais l'enjeu de ne pas concentrer les pouvoirs et les capacités d'agir dans les mains de quelques-uns reste central. La gouvernance des tiers-lieux rejoint à cet endroit, et à bien d'autres, les sociétés de personnes de l'économie sociale et solidaire dans leur principe « une personne = une voix », selon lequel le niveau d'implication financière ne conditionne pas un niveau plus important de décision.

Si une majorité de tiers-lieux se lance en association, certains se dirigent également vers la Scic. Quand il est bien utilisé, ce statut peut associer en gouvernance et en capital les usagers (la communauté du tiers-lieu), les travailleurs du tiers-lieu (salariés ou non), les collectivités (dans une posture de facilitatrices de dynamiques citoyennes) et tous les partenaires qui le souhaitent. Dans une époque de limitation des financements publics territoriaux qui oblige les petites structures d'intérêt collectif à hybrider leurs revenus, le statut coopératif semble bien adapté. Enfin, la possibilité d'associer la puissance publique au capital, de façon minoritaire, facilite la coconstruction d'un projet de territoire cohérent en évitant une posture de donneur d'ordre, comme avec la délégation de service public (DSP).

Les tiers-lieux régénèrent donc la démocratie avec des pratiques plus locales, décentralisées, concrètes, conviviales et implicatives ; avec de la coconception, de la facilitation et de la cogestion pour prendre soin collectivement des ressources partagées et des membres de la communauté. Ces expériences collectives viennent alimenter une repolitisation progressive de leurs contributeurs, qui peuvent ainsi d'autant plus s'impliquer dans la société. Mais elles posent aussi centralement la question du bénévolat, du travail de facilitation des dynamiques citoyennes et de la rémunération de l'engagement citoyen.

Les apports du « travailler autrement »

Par le renouvellement des sociabilités et l'horizontalité des rapports sociaux qui s'y mettent en œuvre, les tiers-lieux apportent un regard nouveau sur le travail. Des modes d'organisation différents y sont testés et un «travailler autrement» semble s'y instaurer. Mais qu'en est-il réellement d'un environnement de travail sain et sécurisant pour les bénéficiaires des tiers-lieux et leurs facilitateurs?

Face à l'isolement de travailleurs – salariés ou indépendants – utilisant leur intellect et/ou leurs mains, une vague de création d'espaces de travail partagés déferle depuis une quinzaine d'années. Dans ces lieux fonctionnels, les travailleurs peuvent développer leurs activités professionnelles et créer des liens au-delà de la structure à laquelle ils appartiennent, se forger une «deuxième famille professionnelle»: la communauté. Ils y échangent des pratiques et des savoirs, mutualisent des moyens ou développent des identités communes en se fixant sur un territoire, ce qui leur permet de limiter leurs trajets pendulaires entre travail et domicile.

Un exemple marquant émerge lors du premier confinement lié au covid-19, avec une vague contributive exceptionnelle dans les tiers-lieux pour la production de matériels de protection des professionnels en première ligne. Face à l'insuffisance de réponses des institutions et des industriels, des citoyens bricoleurs se sont organisés. La conception et l'amélioration de prototypes ont pu être mises en œuvre par des makers[81], et la production ou la logistique se sont faites dans les espaces de production partagés (fablabs ou *makerspaces*) qui avaient déjà des machines, des compétences et des méthodes de mise en coopération de contributeurs. Cette mise en action commune a permis la production de plusieurs millions de visières, blouses et masques distribués de façon tout aussi contributive, à vélo ou en véhicule personnel.

81. Personnes inventives qui fabriquent elles-mêmes des objets utiles à leur vie quotidienne: un informaticien qui bricole ses propres drones ou robots, un artiste qui détourne des objets…

Quand il y avait des budgets, des systèmes de répartition de la valeur ont été instaurés, comme à la Tréso (Malakoff), dont l'équipe a coordonné soixante couturières, en majorité des amatrices travaillant chez elles, avec le tiers-lieu comme base logistique. Un budget contributif a été mis en place. Chaque couturière notait ses productions sur un document partagé et choisissait de toucher ou non la valeur économique produite, en utilisation du tiers-lieu ou en numéraire : une manière de dépasser la logique du seul bénévolat et de donner la possibilité à des citoyens de s'engager pour l'intérêt général tout en percevant une rémunération. Cette expérience a également démontré qu'il était possible de reterritorialiser la production d'objets avec la participation directe des utilisateurs : un exemple de plus des vertus de la proximité pour revivifier l'implication citoyenne.

L'indépendance des travailleurs, leur stricte liberté de choisir leur implication, a permis ces évolutions du travail collectif. Mais de plus en plus de tiers-lieux se rendent compte que l'individualisation du travail, choisie ou subie, s'accompagne de nouvelles formes de précarisation.

Pour un « travailler autrement » protecteur

Désireux de se sentir libres dans l'usage de leur temps de travail et leurs projets, de nombreux indépendants démarrant leur activité ont perçu l'auto-entrepreneuriat comme un choix de facilité et d'efficacité. Les pilotes des espaces de travail partagés ont peu traité la question du statut de travail et de la protection sociale de leurs communautés. Pourtant, dans un contexte d'accélération de la mise en concurrence des individus et de détricotage de la protection sociale et des droits collectifs, les tiers-lieux ont un rôle à jouer comme organisateurs de l'entrepreneuriat collectif, en complément d'autres solutions de mutualisation.

Les coopératives d'activités et d'emplois (CAE) constituent un exemple de ces solutions. Lancées en 1996 et recensées à plus de cent cinquante aujourd'hui, elles hébergent des activités de travailleurs autonomes, les accompagnent au stade d'amorçage ou en développement d'activité et leur proposent un contrat de travail spécifique : le contrat entrepreneur salarié associé (Cesa), créé par la loi sur l'ESS de 2014. Il permet de bénéficier de l'autonomie décisionnelle des indépendants tout en disposant de la protection sociale et des avantages du salariat. Concrètement, dans les CAE, le chiffre d'affaires des différentes activités est agrégé dans une même structure, réparti en comptabilité dans des comptes séparés pour chaque activité et redistribué en salaires aux travailleurs ayant développé cette activité, en fonction du chiffre d'affaires qu'ils ont eux-mêmes généré. La coopérative perçoit une contribution en contrepartie des services mutualisés qu'elle assure (administration, comptabilité, déclarations sociales, outils informatiques, formation, gestion de marques communes, prospection, mise en coopération, etc.). Le niveau de cette contribution est décidé par les sociétaires de la coopérative, qui en sont les parties prenantes.

Des expériences de mise en lien des bénéficiaires des tiers-lieux avec des CAE ont été tentées dans plusieurs régions, par l'intermédiaire de réseaux de tiers-lieux ou en partenariat direct. Mais de nombreuses connexions restent encore à établir entre ces deux dynamiques de mutualisation qui ont tout intérêt à se lier.

Construire un mouvement des tiers-lieux coopératifs

Après plus de quinze ans de développement des tiers-lieux en France, la structuration du mouvement se partage entre de petites organisations associatives ou coopératives, avec un travail souvent précarisé, et de plus grands opérateurs dont les centres de décision sont éloignés des lieux concernés, mais qui réussissent, par leur taille, à se sécuriser. Il est pertinent de se poser la question d'alternatives permettant l'autonomie de ces initiatives territoriales en même temps qu'une sécurisation économique à long terme. Cette question serait d'autant plus prégnante si le soutien de la puissance publique, qui représente 50 % du modèle économique des tiers-lieux en moyenne[82], venait à diminuer.

En faisant un pas de côté, on peut s'intéresser au Groupement régional d'alimentation de proximité (Grap), qui soutient le développement coopératif d'une filière de distribution alimentaire bio-locale en Auvergne-Rhône-Alpes. Pour ce faire, cette Scic a appliqué à des activités territorialisées d'alimentation l'organisation des CAE. Dans ce modèle, des équipes d'épiceries, de restaurants ou encore des transformateurs peuvent bénéficier d'une structure mutualisée et choisir les services qui les intéressent, allant jusqu'à une intégration complète dans la coopérative. Dans le cadre d'un lancement d'activité, bénéficier de l'expérience d'une équipe support et de tels services vient crédibiliser la démarche auprès de partenaires et la sécuriser.

Quand de nombreux travailleurs de tiers-lieux luttent isolés pour la survie de leur petite organisation et que, de l'autre côté, de gros opérateurs sont critiqués pour leur manque de gouvernance territoriale, cette forme organisationnelle a

82. Rapport « France Tiers-lieux » de 2021.

de quoi intéresser. Elle trouve un équilibre entre autogestion des activités territoriales, mutualisation, sécurisation des parcours et des rémunérations des travailleurs, protection sociale et montée en compétences, sans oublier la coconstruction d'un projet politique multi-acteurs. Autre apport inspirant : le développement d'un sentiment d'appartenance à un groupe local et à une entité mutualisée à l'échelle régionale. Ne serait-ce donc pas une forme organisationnelle adaptée aux communs ?

Réenchanter l'implication citoyenne

Les tiers-lieux représentent ainsi une réponse concrète aux crises démocratiques, écologiques et sociales que nous vivons. La mise en commun de ressources à l'échelle locale en facilite l'accès tout en recréant du lien social. Un imaginaire autour de la transition, aussi bien écologique que sociale, s'y développe par des actions concrètes. Enfin, une *praxis* de la démocratie s'y instaure en proximité et change le rapport au politique.

Se mettre en action si facilement avec d'autres personnes – pour un bénéfice direct, visible, concret – donne alors un sentiment enthousiasmant de reprise en main. Cette action collective libre et de proximité permet de se réapproprier l'espace, de s'ancrer localement et, progressivement, de se repolitiser, c'est-à-dire s'impliquer dans la vie de la cité. Les tiers-lieux ont ainsi une capacité à proposer de nouvelles pratiques émancipatrices, dans la continuité de l'éducation populaire, qui peuvent réenchanter la vie en commun. Ce qui, nous l'avons vu, n'est pas sans poser des questions sur les formes de travail, de partage de la valeur et d'organisation adaptées.

Dans ce contexte d'une contribution plus directe des citoyennes et des citoyens, d'une réponse de plus en plus forte à leurs propres besoins par l'autonomie collective, il est intéressant de se demander ce que devient la place de la puissance publique. Ce mouvement, qui cherche à s'organiser et à se pérenniser, ne se construit pas à son détriment, bien au contraire. Il est complémentaire de services publics de qualité, il ne les remplacera pas. Il s'agit seulement, pour les acteurs de la puissance publique, de laisser davantage de place à l'initiative citoyenne et à la coconstruction de solutions avec leurs bénéficiaires directs. Les volontaires ne manquent pas, l'énergie dans les tiers-lieux le prouve. Aux élus et aux agents de la fonction publique de se repositionner car, pour répondre à des besoins de proximité, rien ne vaut l'implication des bénéficiaires. Les tiers-lieux n'en sont qu'un démonstrateur, à proximité et à disposition de tout citoyen.

CHAPITRE 5
Les biens confisqués à la criminalité organisée comme biens communs

Par Elisabetta Bucolo

Elisabetta Bucolo est sociologue, maîtresse de conférences au Cnam/Lise-CNRS.

L'histoire douloureuse de l'Italie avec les réseaux criminels a culminé en 1992 avec l'assassinat de deux juges emblématiques de la lutte contre la mafia : Giovanni Falcone et Paolo Borsellino. En réaction, la société civile a été à l'origine d'un mouvement de révolte contre la criminalité organisée, qui a donné lieu à une forte mobilisation et à la promulgation d'une loi d'initiative populaire dont la portée est politique, économique et sociale. Le réseau d'associations « Libera, nomi e numeri contro le mafie », après avoir collecté plus d'un million de signatures, a saisi le Parlement italien pour la promulgation, en 1996, de la loi 109 sur les « dispositions en matière de gestion et de destination des biens séquestrés et confisqués ».

Cette loi est donc l'aboutissement d'une très forte mobilisation de la société italienne, résumée par le slogan « une loi pour la restitution aux citoyens des biens mal acquis (*il maltolto*) ». Ceux-ci, en effet, sont considérés comme des richesses dont la société civile a été privée et qui, de ce fait, doivent lui être restituées. Il ne s'agit donc pas d'un don de l'État aux citoyens, mais plutôt d'une restitution symbolique et matérielle de biens dont la valeur équivaut à la part de développement économique et social «volée» par la criminalité à la société.

Ces biens restitués par la loi doivent être destinés à un usage social. Ils peuvent être considérés comme des biens communs dans le sens où, via une série de règles partagées et de modalités démocratiques d'organisation du travail et des personnes, des actions collectives sont mises en place avec des finalités d'ordre économique, écologique et social, mais également politique. L'action collective et les engagements individuels interviennent donc pour se substituer à la propriété privée et publique, afin de faire valoir des modalités alternatives d'usage et de partage des ressources communes[83]. Ainsi, si la propriété exclusive de ces biens était détenue à tort par les réseaux criminels, grâce à l'attribution sociale ils deviennent des biens inclusifs: ils contribuent à réactiver des solidarités locales, de nouvelles coopérations humaines et territoriales ainsi que des actions citoyennes contre la criminalité organisée.

Des biens gérés par des structures de l'ESS

Grâce au dispositif législatif d'affectation sociale, les biens confisqués à la criminalité sont attribués, à titre gratuit, aux organisations dont la finalité sociale est avérée: coopératives sociales, associations, fondations, etc. Ils peuvent également être délivrés à d'anciens salariés d'activités commerciales ou d'entreprises confisquées, s'ils décident de s'associer en coopérative.

83. Pierre Dardot et Christian Laval, *Commun. Essai sur la révolution au XXIe siècle*, La Découverte, 2014.

Le dispositif concerne l'ensemble du territoire italien et les exemples de biens confisqués sont multiples : appartements, locaux commerciaux, cafés, discothèques, terres agricoles, restaurants, hôtels, PME et PMI, etc. Depuis 2010, ils sont gérés par une agence nationale, l'ANBSC (Agenzia nazionale per l'amministrazione e la destinazione de beni sequestrati e confiscati alla criminalità organizzata), qui se charge de déterminer leur destination en lien direct avec les collectivités territoriales et les acteurs associatifs et coopératifs locaux.

Jusqu'en 2018, quelque 15 000 biens (60 % d'immeubles d'habitation, 30 % de terres et environ 9 % de bâtiments à destination commerciale ou industrielle) ont ainsi été attribués[84]. On estime que la valeur de ces biens représente entre 30 et 40 milliards d'euros, potentiellement réutilisables pour des finalités sociales. Depuis sa promulgation, cette loi a été amendée à plusieurs reprises afin de mieux s'adapter aux réalités de sa mise en application[85].

Bien entendu, les criminels et leurs familles acceptent très mal d'être dépossédés de leurs biens mal acquis, car ceux-ci donnent à voir l'ampleur de leur réussite économique et de leur pouvoir. À l'évidence, pour le législateur, il y a là une dimension symbolique forte et un double enjeu : d'une part, l'affaiblissement de l'arsenal économique de la criminalité ; d'autre part, l'accroissement du consensus citoyen relatif à l'action répressive de l'État contre cette criminalité. Ces attributions sont rendues publiques : chacun peut connaître les noms des anciens propriétaires et la nouvelle destination sociale et économique des biens confisqués.

La réintroduction de ces biens dans le circuit légal vise à affaiblir l'emprise mafieuse, mais également à produire un

84. ANBSC, « Relazione sull'attività svolta. Biennio 2017-2018 », 2018.
85. Notamment par le décret 159/2011, dit « code antimafia », intégré et modifié dans la loi 161/2017.

impact sur le développement social et économique des territoires où ils se trouvent. Les associations ou coopératives destinataires peuvent en effet développer des activités de production dans une visée d'entrepreneuriat à finalité sociale. C'est le cas des coopératives sociales installées en milieu rural, à Corleone, par exemple, sur les terres confisquées aux « boss » mafieux Riina et Provenzano. Elles produisent de l'huile, du blé, des agrumes et du vin, qu'elles commercialisent dans la grande distribution.

De même, à San Sebastiano da Po, une ferme qui appartenait au chef mafieux Belfiore a été confiée à une association de jeunes qui produit du miel et organise des parcours d'éducation à la légalité et des événements culturels. À Trapani, l'entreprise Calcestruzzi Ericina Libera, qui appartenait au mafieux Virga, est aujourd'hui gérée par ses salariés, réunis en coopérative.

La dimension économique de ces projets agit de manière significative sur la représentation de la criminalité. Car la puissance des réseaux mafieux repose sur une sorte de consensus : demeure, en effet, la conviction que la criminalité mobilise des dynamiques productives au niveau territorial et qu'elle peut ainsi se substituer à l'État social en étant pourvoyeuse de services (conseil, protection, ordre, occupation) et de capitaux (dépôt, crédit, prêts). En réalité, cette économie illégale ne produit pas de richesses, mais chasse les investissements sains à la faveur d'investissements qui ont pour vocation de blanchir de l'argent. En outre, elle n'est viable que par l'effet d'un détournement du marché qui s'opère par l'intimidation et la violence auprès des sous-traitants, des débiteurs et des autres potentiels investisseurs.

Dans les territoires où le taux de criminalité est le plus élevé, l'économie stagne, étranglée par la présence mafieuse à laquelle les populations sont assujetties. De ce fait, l'introduction d'économies alternatives à visée sociale et sociétale réactive les solidarités territoriales et a des effets indirects positifs sur d'autres acteurs économiques locaux, qui finissent par modifier leurs pratiques, leurs objectifs et leurs interlocuteurs.

Ces projets ont donc un effet de démonstration: ils prouvent que l'activité entrepreneuriale peut s'inscrire dans des filières saines et légales, y compris dans des territoires à forte infiltration criminelle, avec des impacts positifs sur le développement local et le quotidien des habitants. Malgré leur faible poids économique, ils ont un poids symbolique fort et sont au service des communautés locales.

Projets collectifs

Dans ce sens, il est possible de penser les biens confisqués comme des biens communs. Leur attribution à des associations ou à des coopératives vise à intervenir dans le domaine social via des projets permettant la réinsertion professionnelle, la création de centres sociaux de quartier ou l'octroi de services sociaux, notamment. Il s'agit de projets collectifs dont la finalité première est d'intervenir auprès de publics et de territoires fragilisés et défavorisés, et de valoriser des initiatives solidaires dans la légalité et la solidarité.

La restitution à la collectivité des biens confisqués ne suffit pas en elle-même à en faire des biens communs. Pour cela, il faut que des dynamiques collectives et participatives contribuent concrètement à réactiver les liens communautaires, les sociabilités et le vivre-ensemble que la criminalité organisée avait anéantis[86]. Les coopératives sociales

86. Umberto Di Maggio, «Cose nostre. Per una rigenerazione partecipata, "per tutti", dei beni confiscati alle mafie», labsus.org, 31 juillet 2017; Chiara Salati, «Beni confiscati alle mafie come beni comuni. L'amministrazione condivisa quale scenario di rigenerazione», labsus.org, 29 avril 2019.

ont la particularité de mobiliser des modes de gouvernance multi-parties prenantes. Ainsi, les salariés, y compris ceux en insertion, les habitants et les pouvoirs publics locaux disposent de collèges qui leur permettent de gérer et de décider collectivement.

Par ailleurs, certaines collectivités territoriales ont intégré les dispositifs d'attribution sociale dans des « pactes de collaboration ». Il s'agit d'outils de concertation et de collaboration qui permettent aux citoyens engagés et aux collectivités, notamment les communes, de s'accorder sur la mise en œuvre de projets de création et de gestion de biens communs matériels ou immatériels au niveau territorial[87]. Cela en relation avec le principe constitutionnel selon lequel les administrations publiques doivent « favoriser l'initiative autonome des citoyens, à titre individuel ou collectif, dans le déploiement d'activités d'intérêt général[88] ».

À Bologne, par exemple, un pacte de collaboration a été signé entre la mairie et l'association Libera pour la gestion de la Villa Celestina, confisquée à la mafia. Le jardin de cette villa a été aménagé pour accueillir des activités culturelles et de loisirs, ainsi qu'un jardin partagé ouvert aux habitants du quartier. Grâce à ses espaces de coworking et de restauration, de nombreuses personnes ont découvert cet endroit, devenu un lieu de sociabilité géré par des citoyens engagés et à destination de la communauté locale. La gestion partagée d'une

87. Le pacte de collaboration est un accord par lequel un ou plusieurs citoyens engagés et une collectivité territoriale définissent les termes de leur collaboration pour la gestion de biens communs matériels et immatériels. En particulier, il permet d'identifier la nature du bien commun, sa finalité, ses objectifs et l'intérêt général à protéger, ainsi que les compétences et les ressources des cosignataires, la durée du pacte et les responsabilités des parties.

88. Extrait du « Regolamento per l'amministrazione condivisa dei beni comuni » (acte législatif qui vise à réglementer les formes de collaboration entre les citoyens et l'administration, dans le but d'assurer l'entretien, la régénération et la gestion partagée des biens communs).

ressource commune permet donc, ici, de mieux atteindre des finalités sociales en faveur d'une communauté.

Ce principe dépasse les frontières locales. Les interactions entre plusieurs projets au niveau régional ou national ont favorisé la structuration de solidarités à plusieurs échelles. Ainsi, des coopératives sociales gérant des terres et des biens ruraux confisqués se sont rassemblées dans un projet collectif nommé « Consorzio Libera Terra Mediterraneo », porté par l'association Libera. Il est né en mai 2000, d'abord sous le nom de Libera Terra, avec la rédaction d'une « charte des engagements relative à l'usage des terres confisquées à la criminalité organisée ». Les neuf coopératives adhérentes[89] ont comme objectif l'insertion professionnelle par des activités économiques de type agricole ; leurs produits (blé, légumes, fruits, oliviers, vignes, etc.) sont cultivés dans le respect des traditions du territoire et selon les principes de l'agriculture biologique. Elles gèrent également des immeubles ruraux réaménagés en structures d'accueil touristique.

En mai 2006, pour soutenir le Consorzio, a été créée l'association Cooperare con Libera Terra – Agenzia per lo sviluppo cooperativo e la legalità, une structure de services visant à accompagner ces coopératives sociales dès la phase de création et durant tout leur développement. Il s'agit de les aider à coordonner leurs stratégies, de les conseiller et de leur garantir une assistance juridique et technique afin de développer « [leur] qualité entrepreneuriale par le partage des compétences et des professionnalités propres aux adhérents au projet ».

Les produits transformés et emballés arrivent dans les circuits de distribution sous la marque Libera Terra, signifiant

89. Les coopératives Libera Terra se trouvent dans les Pouilles, en Campanie, en Calabre et en Sicile.

qu'ils sont le fruit d'une filière agroalimentaire saine. Le cahier des charges de cette marque définit des règles qui doivent être respectées pour que les produits puissent bénéficier de son logo. D'autres acteurs locaux peuvent intégrer le réseau à condition de respecter les valeurs inscrites dans la charte des engagements et dans le cahier des charges de la marque.

L'ampleur prise par le projet Libera Terra a conduit les premiers adhérents à renforcer leur collaboration et la portée entrepreneuriale du projet en créant, en 2008, le Consorzio Libera Terra Mediterraneo – cooperativa sociale Onlus, qui est aujourd'hui l'organisation de référence. Les produits distribués par les coopératives sociales incarnent une image du territoire sicilien bien différente de celle de violence et de criminalité qui persiste dans l'imaginaire collectif à l'égard de la Sicile. L'image positive de produits du terroir de qualité devient ainsi exportable et véhicule un message politique lié à la lutte contre la mafia.

Ainsi, « l'enjeu n'est pas uniquement le transfert des patrimoines de la mafia à l'antimafia, mais la coconstruction de critères différents de régulation locale. Générer un entrepreneuriat alternatif demande non seulement de faire bouger des variables dépendant de l'État (lois, aides, répression de la criminalité, etc.) et du marché (concurrence, transparence comptable et fiscale, droit du travail etc.), mais aussi de prendre en compte des variables d'ordre culturel et social, en touchant aux mécanismes de la genèse et de la reproduction du capital social mafieux sur les territoires et auprès des communautés locales[90] ».

90. Vittorio Martone, « I beni confiscati alle mafie opportunità di sviluppo locale », *Il Mulino*, n° 1/16, 2016, p. 99-106.

Responsabilité collective et vivre-ensemble

Les initiatives existant en Italie sont multiples. Elles concernent l'action sociale, la promotion culturelle, le tourisme responsable, la valorisation de l'agriculture et du paysage ; elles mobilisent des entreprises sociales de production et de travail, avec une visée d'insertion des publics très éloignés de l'emploi. Leur trait d'union est d'inscrire la légalité comme une valeur ni négociable ni arbitraire dans l'espace public. Et ce pour soutenir le développement de communautés résilientes capables de faire face à l'emprise mafieuse. Chacun est appelé à agir au nom d'une responsabilité collective et d'une éthique publique[91], substrat indispensable au vivre-ensemble.

De ce fait, la charge symbolique et politique des projets portés par les coopérateurs ou les associations est très élevée. Ceux-ci embrassent également la formation pédagogique et la sensibilisation de publics variés. Les jeunes et les familles peuvent par exemple se rendre dans les terres confisquées pour s'engager comme bénévoles, ou participer à des camps sur des thématiques environnementales, sociales et de lutte contre la criminalité. Des activités sportives et de loisirs sont organisées dans les villes concernées. Des spectacles sur les places publiques (« 48 heures pour le développement de la légalité », festivals de films de voyages tels que la « Carovana antimafia »), des concerts, des programmes de sensibilisation dans les écoles et d'autres événements sont des moyens concrets de communication volontairement festifs.

Une phrase résume assez bien le sens de la pédagogie sociale que les associations contribuent à transmettre :

91. « L'Italia e la corruzione », entretien avec Marc Lazar, *La Repubblica*, 24 février 2010.

« Combattre la mafia, ça en vaut la peine ! » Il s'agit en effet de renverser une culture de connivence et de silence. En permettant au plus grand nombre d'accéder aux informations et aux explications nécessaires pour comprendre la portée des dégâts que les réseaux criminels produisent, on suscite la capacité de s'autodéterminer pour refuser la présence mafieuse et l'illégalité sous ses multiples formes – même celles du quotidien.

Le savoir et la connaissance deviennent les moteurs du changement. Les biens confisqués et réutilisés fonctionnent comme des vecteurs de fabrication de nouvelles formes de vivre-ensemble. Ils cristallisent le projet politique de l'antimafia. « Prononcer la phrase "Ce terrain était au boss mafieux Toto Riina et désormais il est à tout le monde" met en exergue les fonctions de restitution, de reproduction et de régénération de ces biens désormais communs. Il s'agit de démontrer ceci : si un bien exclusif des organisations criminelles, obtenu par la force et le pouvoir, est désormais un bien inclusif pour tous, il peut – et doit – favoriser le développement local, solliciter de nouvelles sociabilités et construire des communautés alternatives à celles qui avaient des connivences avec la mafia[92]. »

C'est pour cette raison que l'usage des biens confisqués doit être visible, exemplaire et clairement identifiable par les citoyens. Les effets sont de deux ordres, « l'augmentation de la confiance verticale dans les instances de l'État et celle de la confiance horizontale dans les relations sociales[93] ».

92. Umberto Di Maggio et Giuseppe Notarstefano, « Ri-conoscere i beni confiscati. Un percorso tra partecipazione, condivisione e trasparenza », dans Raimondo Ingrassia (dir.), *Economia, organizzazioni criminali e corruzione*, Aracne Edizioni, 2018, p. 157-174.
93. *Ibid.*, 2018, p.161

Le rôle des pouvoirs publics

Comme le note Marco Giovagnoli, « à la capacité endogène de se percevoir à nouveau comme un sujet social dans un contexte difficile doit correspondre une somme de volontés collectives soutenant le déclenchement de processus vertueux dans le même contexte[94] ». De fait, les organisations qui aident les projets ne soutiennent pas le développement économique des coopératives sociales, mais bel et bien leur projet politique de transformation : « Il faut souligner la nécessité d'encourager des formes saines d'économie qui ont encore du mal à émerger à cause de l'omniprésence du phénomène mafieux, qui vicie le fonctionnement normal des règles de marché », précise Terra Libera.

Les interactions avec les pouvoirs publics sont donc essentielles pour assurer la viabilité des projets d'usage social des biens confisqués. 80 % d'entre eux sont confiés aux collectivités locales, et plus particulièrement aux municipalités, qui ont la responsabilité de les attribuer en concertation avec les acteurs associatifs locaux. Le rôle de ces derniers est donc central dans l'ensemble du circuit d'attribution. L'action des associations antimafia et des coopératives sociales a contribué à transformer le problème mafieux en question de société dont la portée est d'ordre politique, donc relevant des compétences des autorités publiques et non pas seulement de la mobilisation de la société civile. Le rôle joué par les associations, et tout particulièrement Terra Libera, dans le dispositif de la loi 109/96 a certainement facilité la relation directe avec des collectivités locales confrontées à la nécessité d'appliquer la législation sans en maîtriser le périmètre.

94. Marco Giovagnoli, « Attualità della legge 109/96 : uno strumento contro le mafie e per la ricostruzione dei legami sociali attraverso il lavoro », *Sintesi dialettica per l'identità democratica*, 2007.

Au moment de la mise en application de la loi en Sicile au début des années 2000, il fallait en effet faire face à tous les problèmes liés à sa dimension expérimentale. C'est ainsi que les associations et les coopératives ont contribué à reformuler, amender, voire transformer le contenu de la politique publique, faisant évoluer la loi 106/96 : introduction d'appels d'offres pour la désignation des membres des coopératives, constitution d'un « consortium des communes », utilisation de fonds nationaux au bénéfice des projets des coopératives sociales, etc.

Les acteurs institutionnels locaux ont mis en place des dispositifs très élaborés de coordination : les instances multi-niveaux et multi-acteurs au sein desquelles siègent également les coopératives sociales. Il s'agit d'instances délibératives (plus rarement décisionnelles) publiques adaptées aux objectifs de la loi. Par exemple, à Corleone, la principale instance (mise en place conjointement par les collectivités territoriales et les coopératives) est un consortium des communes nommé Sviluppo e Legalità, où siègent des acteurs institutionnels nationaux (préfecture et police) et neuf communes, représentées par leurs maires, ainsi que des acteurs associatifs. Les coopératives locales peuvent être appelées à participer, à titre consultatif, pour des projets spécifiques.

Les biens confisqués, lorsqu'ils ne sont pas attribués, peuvent représenter des coûts difficiles à accepter par les collectivités : les connivences et collusions avec les réseaux mafieux demeurent puissantes. Alors, quand certaines collectivités locales ne veulent pas attribuer les biens qui se trouvent sur leur territoire, les acteurs associatifs et coopératifs peuvent exercer une pression, par l'occupation des terres et des manifestations publiques, pour faire valoir le droit des citoyens à accéder à ces biens.

Dispositif complexe

Malgré toutes ses potentialités, ce dispositif demeure très complexe, et sa viabilité est tributaire d'un contexte économique et politique favorable, mais également d'une structuration des acteurs en réseaux. Cela explique qu'une grande partie des biens confisqués disponibles n'ait pas encore été allouée par les municipalités, lesquelles ont la possibilité de bloquer le processus d'attribution par des multiples entraves administratives. Par ailleurs, certaines initiatives peuvent se heurter au rejet des populations locales, voire à des tentatives d'intimidation faisant courir des risques aux porteurs de projet. D'où l'importance, là encore, d'activer des dynamiques participatives locales permettant aux habitants de s'approprier concrètement et symboliquement les biens, afin que ceux-ci deviennent réellement des « communs ». C'est le cas, par exemple, de ces habitations attribuées aux associations pour devenir des centres sociaux ou d'accueil ouverts aux habitants du territoire, de ces entreprises en faillite aujourd'hui gérées par des coopératives créant de l'emploi pour les plus défavorisés, ou encore de ces bâtisses abandonnées qui s'ouvrent au tourisme social et à la programmation d'événements culturels.

Le modèle italien essaime à l'échelle européenne

Ce dispositif italien a été imité dans d'autres pays[95]. En Europe, il existe depuis 2014 une directive (2014/42/UE) du Parlement et du Conseil concernant le gel et la confiscation

95. Depuis 2018, en Albanie, la pâtisserie KeBuono, le café Kinfolk Coffee Library et le Social Crafting Garage sont des exemples d'unités de production et de commerce attribuées à des associations pour des activités récréatives et d'insertion par l'activité économique de jeunes en difficulté.

des instruments et des produits du crime dans l'Union européenne: «Les États membres envisagent de prendre des mesures permettant que les biens confisqués soient utilisés à des fins d'intérêt public ou pour des finalités sociales» (article 10-3).

Cependant, les États membres ont plutôt tendance... à ne pas appliquer cette directive. En France, après plusieurs tentatives et grâce à l'existence, depuis 2010, de l'Agence de gestion et de recouvrement des avoirs saisis et confisqués (Agrasc), l'article 4 de la loi 2021-401, visant à améliorer l'efficacité de la justice de proximité et de la réponse pénale, préconise la réaffectation des biens saisis. Il autorise l'Agrasc à mettre à la disposition d'associations, de fondations d'utilité publique ou d'organismes concourant à la politique du logement des biens immobiliers saisis ou confisqués dans le cadre d'une procédure pénale. Déjà approuvée par le Sénat en 2019 à l'occasion de l'examen d'une précédente proposition de loi[96], cette mesure fait suite à une série de tentatives visant à inscrire dans le droit français des dispositifs calqués sur le modèle italien.

Cependant, la portée de ce dispositif est encore limitée, car l'usage social est destiné uniquement aux associations ou aux fondations reconnues d'utilité publique, ce qui en réduit fortement la portée, beaucoup de petites associations ne bénéficiant pas encore de cet agrément. En outre, l'article 4 de la loi ne prend pas en compte la dimension économique des réaffectations, les cantonnant à des finalités sociales. Pourtant, un rapport parlementaire au Premier ministre[97] avait jugé nécessaire «de retenir une liste de bénéficiaires

96. Il s'agit ici de la proposition de loi «visant l'amélioration de la trésorerie des associations», dont l'article 4 prévoyait l'usage social des biens confisqués. Cette proposition, déposée par la députée Sarah El Haïry le 17 octobre 2018, n'a jamais était réinscrite à l'ordre du jour des travaux du Parlement.

97. Laurent Saint-Martin et Jean-Luc Warsmann, «Investir pour mieux saisir, confisquer pour mieux sanctionner», rapport parlementaire, novembre 2019.

plus large que celle présentée dans la proposition de loi, en ne retenant pas le critère de reconnaissance d'utilité publique».

Le même rapport avait également souligné l'importance de favoriser «des activités associatives y compris au plus près des populations qui ont pu souffrir des agissements délictueux». En effet, un tel dispositif n'a de sens que s'il dépasse les enjeux liés au soutien financier et prend en compte les potentialités démonstratives et la capacité de réactivation économique et sociale de territoires lourdement affectés par la criminalité. Ce sont donc bien les territoires et les habitants les plus directement touchés par le crime organisé qui doivent bénéficier de l'attribution des biens.

Ces dispositifs s'ancrent dans les besoins des territoires afin d'avoir une portée en termes de développement local. De façon générale, la viabilité du projet économique et politique des organisations qui gèrent les biens confisqués ne saurait perdurer sans régulations publiques adaptées ni instances dédiées, dans lesquelles les différents acteurs (associations, coopératives, entreprises, élus locaux) peuvent définir ensemble la nature et l'organisation des projets à bâtir. Avec un tel dispositif, les nombreuses associations impliquées en France dans les zones où règne l'exclusion sociale pourraient renforcer et mieux ancrer leurs actions, en élargissant leur spectre à la réactivation de dynamiques sociales et politiques pour l'intérêt des communautés locales, en milieu urbain comme rural. De telles avancées ne sont possibles que si la société civile et le secteur associatif français se saisissent de ces questions, jouent un rôle de veille et deviennent forces de proposition auprès des pouvoirs publics.

Aujourd'hui, trois biens ont été déjà attribués, et des associations tentent de faire connaître ce dispositif, comme DeMains Libres, Crim'Halt, ou encore le collectif des Femmes des quartiers populaires-Avec nous[98], interpellant médias et pouvoirs publics sur la question de l'usage social des biens confisqués, particulièrement dans les quartiers populaires.

On l'aura compris, la spécificité du dispositif d'usage social des biens confisqués à la criminalité réside dans l'articulation de trois dimensions interdépendantes : sociale, économique et politique. Il a fait ses preuves en Italie et est devenu un modèle pour d'autres pays. En effet, il peut créer de véritables biens communs visant à lutter contre la criminalité organisée en réactivant des dynamiques vertueuses dans la société civile et en œuvrant dans le sens de la solidarité, du développement territorial et de la promotion de la légalité.

98. Ce collectif a signé une tribune publiée par *Libération* le 1er avril 2019.

CONCLUSION
Ce que nous disent ces récits d'expériences citoyennes et quelles promesses ils portent

Par Fanélie Carrey-Conte et Philippe Eynaud

Les récits présentés dans les chapitres précédents sont riches en enseignements, tant au niveau des expériences singulières que d'un point de vue transversal, à travers les modèles conceptuels et pratiques qui leur sont sous-jacents. Ils sont porteurs d'espoir dans la perspective de leur diffusion et de leur renforcement, par leur capacité à faire évoluer les politiques publiques et à poser les bases d'une profonde transformation de notre modèle économique et social.

Après avoir rappelé ce que sont les principaux engagements des initiatives rassemblées dans cet ouvrage, nous verrons en quoi leurs récits se conjuguent pour dessiner les contours d'un monde soutenable et désirable.

Engagés pour des transports durables et solidaires

Partant du constat d'un déficit d'offre dans les territoires ruraux en matière de transports en commun, les citoyennes et les citoyens à l'origine de la création de la coopérative Railcoop ont imaginé des solutions de mobilité partagée. Ils se sont saisis pour cela de l'opportunité offerte par la libéralisation du secteur ferroviaire européen pour essayer de pallier le désengagement de l'État.

Créer une entreprise ferroviaire suppose des fonds très importants et des compétences techniques de haut niveau. Le premier accomplissement de Railcoop a été d'arriver à lever 9 millions d'euros auprès de plusieurs milliers de sociétaires. Une deuxième réussite notable a consisté à mettre toutes les parties prenantes autour de la table et à engager (au sein d'une Scic) une cogestion rassemblant des citoyens, des personnes représentant des institutions publiques et des entreprises privées.

La gouvernance de Railcoop a été pensée pour offrir un espace de parole et de contribution à l'ensemble des sociétaires. Pour cela, la coopérative s'est organisée en près de trente cercles, dont certains sont thématiques (offre, fonctionnement interne, aspects environnementaux, etc.) et d'autres géographiques. En pratique, il suffit d'être cinq sociétaires pour créer un cercle et produire des travaux et des réflexions qui seront ensuite partagés entre tous les cercles. Ce dispositif adaptatif laisse une forte souplesse d'organisation au collectif et permet de couvrir un grand nombre de thématiques. Mais le projet Railcoop recouvre aussi de nombreux défis, notamment démocratiques, pour articuler des intérêts et des envies d'implication différents entre salariés, citoyens, municipalités, mais aussi acteurs financiers, dont la mobilisation est indispensable pour collecter suffisamment de fonds pour lancer la première ligne de transport de passagers Bordeaux-Lyon.

L'objectif de Railcoop est double : favoriser la mobilité dans les territoires où celle-ci est rendue difficile et réduire l'impact carbone des transports en promouvant le réseau ferré. En se proposant de gérer les activités ferroviaires comme des communs, l'enjeu est donc celui d'une transformation sociale au profit de la transition écologique. Cet ambitieux pari se confronte à des défis de taille, particulièrement sur le plan économique. L'implication de la puissance publique est dès lors indispensable pour les relever. On peut regretter qu'elle ait aujourd'hui clairement manqué, comme en témoignent les difficultés relatées par la coopérative dans le chapitre qui lui est consacré.

Engagés pour une agriculture soutenable et la souveraineté alimentaire

L'originalité de Terre de liens est de reposer sur trois organisations qui travaillent ensemble. Terre de liens, c'est tout d'abord un réseau fort de dix-neuf associations régionales et de plusieurs milliers d'adhérents. C'est ensuite une société foncière qui achète des terres agricoles pour les sanctuariser et les faire échapper à la spéculation, et qui gère le patrimoine foncier. C'est enfin une fondation reconnue d'utilité publique, qui collecte des fonds pour l'achat des terres et en est la propriétaire.

Pour tout projet d'acquisition foncière, un groupe local est constitué. Il est un espace pour l'établissement de liens entre des personnes porteuses d'un projet de reprise ou de création de fermes agricoles, des propriétaires, des élus et des citoyens engagés pour la préservation d'une agriculture durable.

À ce titre, Terre de liens suscite des espaces de discussion où des individus très divers se rencontrent et initient une démocratie agricole et alimentaire de proximité traversée par les enjeux écologiques. Elle considère les terres agricoles comme des communs à même de progressivement réparer les conséquences de l'agriculture productiviste, d'interrompre la spéculation foncière, de ralentir puis d'arrêter l'artificialisation des sols.

Engagés pour un accueil fondé sur les communautés d'hospitalité

En reconnaissant le droit au patrimoine culturel, la convention de Faro défend la capacité de toutes les personnes d'y participer activement. À Marseille, c'est sur ce principe qu'Hôtel du Nord s'est constitué sous une forme coopérative. Au service de communautés patrimoniales, Hôtel du Nord a pu construire une offre d'hospitalité dans les quartiers nord de la ville.

L'approche en termes de communs se traduit par la volonté de ne pas séparer la communauté qui fait patrimoine du patrimoine commun qui fait communauté. La Scic les Oiseaux de passage s'est elle-même construite dans la prolongation de l'expérience d'Hôtel du Nord afin d'en garantir les valeurs. Elle fédère aujourd'hui un grand nombre de communautés d'hospitalité en France qui partagent une même exigence de singularité. En parlant d'hospitalité plutôt que de tourisme, elle entend faire un pas de côté. Cette approche témoigne en effet d'une pluralité de prises en charge. Ainsi, les hôtes peuvent être des personnes à la recherche d'un tourisme éthique, des bénéficiaires du tourisme social, des voyageurs professionnels, des personnes accueillies ou des migrants.

En outre, l'hospitalité ouvre sur la réciprocité. Ainsi, un même hôte peut être tour à tour hébergeur, accompagnateur de balades, producteur et auteur. La pluralité des hôtes appelle celle des modes de rémunération : monnaies sociales, systèmes d'échange locaux et paiement en conscience. Tout cela contribue à une grande liberté. Dans une logique inclusive, la coopérative accueille les espaces de discussion et promeut les processus démocratiques, en cohérence avec les principes d'hospitalité retenus.

Engagés autour de lieux de sociabilité, d'innovation et de mutualisation du travail

Dans un contexte croissant de recul des services publics, d'éloignement des centres de décision et d'accélération de l'individualisation du travail, l'émergence de tiers-lieux peut être vécue comme un réenchantement. C'est en effet l'occasion de participer à des espaces de convivialité facilitant les initiatives citoyennes. Un tiers-lieu est avant tout une communauté d'acteurs locaux qui se rassemblent pour interagir. C'est aussi un vivier de ressources que ces mêmes acteurs partagent. C'est enfin un lieu où l'on apprend des autres, où l'on se réapproprie des savoirs et mutualise des compétences. Il s'y joue donc la possibilité d'un décloisonnement autour d'une bannière commune. Le tout étant mis en œuvre à travers la gouvernance coopérative et l'auto-organisation, au cœur du fonctionnement quotidien des tiers-lieux. L'ensemble de ces éléments en fait des espaces où sont gérés des communs.

Ainsi, les tiers-lieux favorisent la coconception et l'intelligence collective pour répondre à des besoins locaux. Ils supposent la mise en place d'une responsabilité collective, véritable ferment pour nourrir la confiance. Ce sont des espaces où s'invente un «travailler autrement», antidote à l'individualisation du travail, favorisant les démarches de relocalisation et de démocratisation des activités productives, cherchant à «déprécariser» les conditions sociales des travailleurs, comme en témoignent les liens développés avec les coopératives d'activités et d'emplois (CAE). Fondamentalement, la force des tiers-lieux réside dans leur capacité à accueillir et à mettre en œuvre des réponses concrètes aux crises démocratiques, écologiques et sociales.

Engagés pour gérer solidairement des biens confisqués à la criminalité

En Italie, les biens confisqués à la mafia font l'objet d'une réappropriation par la société civile. Grâce à un dispositif légal, les biens sont attribués à titre gratuit à des organisations à finalité sociale telles que les coopératives sociales, les associations ou les fondations. Malgré leur faible poids économique, ces transferts de propriété ont un fort impact symbolique. Ils prouvent que l'on peut sortir de l'emprise mafieuse en s'appuyant sur la société civile. Les initiatives sont nombreuses et variées. Elles concernent, selon les cas, l'action sociale, la vie culturelle, le tourisme responsable, l'agriculture durable.

Ces expériences solidaires témoignent d'une nouvelle forme d'action publique. L'implication des collectivités territoriales est importante, car ce sont elles qui ont la responsabilité de les attribuer pour un usage social, grâce à une loi de 1996. À cet effet, dans certains territoires, ont été montées des instances de gouvernance multi-parties prenantes, regroupant des représentants des préfectures, de la police, des communes et des acteurs associatifs. En outre, depuis quelques années, les collectivités et les organisations de l'ESS peuvent également s'appuyer sur des pactes de collaboration conçus comme des outils de concertation et de dialogue avec les citoyens des territoires concernés.

Si la criminalité se complaît dans la culture du silence et du secret, les associations se caractérisent, quant à elles, par la culture de l'échange et des délibérations ouvertes. Cela permet de donner accès aux informations et aux débats au plus grand nombre. Cependant, l'inscription territoriale de ces initiatives les rend fragiles face à des actions d'intimidation.

De ce fait, il est encore plus important de développer des dynamiques participatives au niveau local et de les relier à la question de l'insertion par l'activité économique. En fin de compte, la spécificité du dispositif d'usage social des biens confisqués à la criminalité réside dans la capacité à embrasser de manière forte et interdépendante les dimensions sociale, économique et politique.

Récits d'un monde en communs

Si l'on fait maintenant une lecture transversale de ces expériences citoyennes singulières, des facteurs clés se dégagent et de nouveaux modèles se distinguent.

Le premier enseignement de ces récits est que les initiatives citoyennes peuvent se saisir de questions très complexes et sont à même d'en gérer les contradictions.

Leur deuxième enseignement est qu'ils témoignent d'une incroyable force d'invention, à travers une capacité à expérimenter, à accepter également le droit à l'erreur et les avancées « chemin faisant ».

Leur troisième enseignement est que ces expériences sont toutes marquées par l'élaboration de dispositifs d'intelligence collective et de nouvelles formes de gouvernance propices à la transformation sociale par l'implication de tous.

Leur quatrième enseignement est que ces réalisations concrètes au service de la transition écologique et sociale peuvent et doivent servir de cadre pour la mise en œuvre de politiques publiques plus ouvertes à l'implication citoyenne, voire à des coopérations nouvelles avec les collectivités locales.

Enfin, leur capacité transformatrice est décuplée par leurs stratégies d'alliances et de mise en réseau.

S'emparer de la complexité du monde pour mieux la gérer

La Convention citoyenne pour le climat ou celle sur la fin de vie nous ont montré qu'un collectif de citoyens tirés au sort peut rapidement – si on lui en donne les moyens – se saisir de questions complexes et trouver les réponses adéquates. Plus loin des projecteurs, les cinq récits que nous avons collectés font la même démonstration de l'expertise citoyenne.

Ainsi, Railcoop nous montre que le monde ferroviaire peut être investi par un collectif citoyen qui s'associe à des collectivités et à des entreprises locales. Malgré l'importance des engagements financiers et le haut niveau de compétence technique requis, la coopérative s'est positionnée sur un terrain que les pouvoirs publics ont largement délaissé : celui de la desserte des petites lignes et de la défense du fret ferroviaire. C'est ici la combinaison d'expériences et de compétences (ferrovipathes, anciens agents et cadres de la SNCF, usagers du train, municipalités où les trains ne passent plus, personnes engagées dans le mouvement coopératif) qui favorise la construction progressive d'un modèle alternatif de transport ferroviaire, dans une logique de coopération et d'intercoopération, cohérente avec la nécessaire transition écologique et citoyenne.

Terre de liens, quant à elle, illustre au travers d'un judicieux montage autour de trois organisations (une fédération d'associations, une société foncière et une fondation) et de pratiques communautaires qu'un collectif de citoyens peut naviguer dans un environnement juridique, économique et technique difficile. Ce montage a pour but de protéger les terres agricoles du productivisme et de l'artificialisation, et de les réserver à des usages écologiquement pérennes.

Les Oiseaux de passage constituent un autre exemple d'expertise citoyenne de haut niveau. Partant du constat que les Gafam ont un effet normalisateur qui invisibilise les différences d'un grand nombre d'acteurs du tourisme équitable, la coopérative relève le défi de créer sa propre plateforme numérique, fonctionnant selon ce qui compte vraiment au regard de ses valeurs. Alors que les enjeux financiers et techniques sont, là encore, élevés, elle poursuit la concrétisation de son objectif de donner corps à un autre ordre d'hospitalité.

Si les tiers-lieux peuvent sembler plus accessibles à des mouvements citoyens, ils réclament cependant des compétences importantes en matière de facilitation de dynamiques collectives, mais aussi pour réhabiliter des bâtiments souvent non adaptés aux usages attendus par les collectifs, et pour les gérer ensuite. Les tiers-lieux ont également l'habitude d'accueillir les fablabs et les collectifs de makers, qui supposent eux aussi un niveau de technicité élevé.

Enfin, dans l'expérience italienne de constitution de collectifs citoyens pour un usage social des biens confisqués à la mafia, la complexité, une nouvelle fois, est grande, les pressions sont nombreuses, mais les collectifs citoyens démontrent leur capacité à relever les défis.

Expérimenter et inventer d'autres possibles

Elinor Ostrom a montré que les communs se caractérisent par une diversité institutionnelle. Les communautés organisées autour de ressources partagées se singularisent par des adaptations aux conditions locales. Ce que nous retrouvons dans l'ensemble des récits d'expériences citoyennes est bien cette volonté de ne pas s'en tenir à des solutions toutes faites, aux règles institutionnelles existantes, aux relations préétablies entre les différents acteurs. Ces initiatives explorent des pistes nouvelles, expérimentent de nouvelles méthodes ou de nouveaux outils, mettent en œuvre des allers et retours entre essais et erreurs.

Les méthodes de documentation et de gouvernance de type stigmergie développées dans les tiers-lieux en sont une illustration. Railcoop a rencontré et rencontre toujours de nombreux obstacles, qui ont été des occasions de réviser ses statuts, son modèle économique et la contribution de ses membres, dans un long et patient processus d'expérimentation. Le même esprit préside à l'organisation des groupes locaux au sein de Terre de liens. Ceux-ci ne s'appuient pas sur des règles préétablies. Chaque groupe naît autour d'un projet, générant un réseau social qui peut perdurer ou se dissoudre une fois l'acquisition réalisée et le projet lancé. L'expérimentation est également au cœur de l'activité des Oiseaux de Passage. La volonté de sortir des sentiers battus et de faire des pas de côté se traduit par l'existence d'un collège « recherche » au sein de la gouvernance de cette coopérative, laquelle a par ailleurs obtenu le statut de jeune entreprise innovante. Cette recherche d'innovations sociales est aussi dans l'ADN des tiers-lieux, qui ne cessent d'enrichir leurs pratiques d'intelligence collective et accueillent dans leurs murs des activités très innovantes. De même, les acteurs associatifs et coopératifs italiens ont dû faire preuve d'esprit invention pour parvenir à gérer démocratiquement les biens confisqués à la criminalité.

Construire des outils au service d'un approfondissement démocratique

Il est clair que l'étonnante capacité des expériences citoyennes à affronter des questions complexes est liée à leur tout aussi étonnante capacité à délibérer et à expérimenter. C'est dans les interactions au sein de communautés gérant des communs que peut en effet s'exprimer une tout autre façon d'aborder l'économie. Selon la formule d'Éric Dacheux et Daniel Goujon, le libéralisme y cède la place au « délibéralisme[99] », qui a l'avantage de conjuguer préservation des ressources et approfondissement démocratique.

La volonté commune des expériences présentées ici est en effet d'enrichir et d'approfondir la démocratie, préalable à la construction pour toutes et tous d'un avenir désirable et émancipateur. Ainsi, à la croisée des communs et de l'économie solidaire, de nouvelles règles, de nouveaux outils, de nouvelles méthodologies et de nouvelles formes de gestion s'inventent et se réinventent[100]. Railcoop développe et construit une large expérience sur une gouvernance à base de cercles. Elle enrichit ce modèle avec une commission « éthique et médiation » et la possibilité donnée aux sociétaires de commenter les résolutions adoptées par les instances. La réflexion sur l'intelligence collective et les pratiques démocratiques de proximité est de même au cœur du fonctionnement des tiers-lieux.

Enfin, œuvrer à une transformation écologique et sociale de notre système économique par un approfondissement démocratique suppose nécessairement de se poser la question de la contribution de toutes et tous à cette dynamique sur les territoires[101]. Dès lors, il est intéressant de souligner que les récits d'expériences citoyennes présentées ici témoignent de la recherche de processus de participation et

99. Éric Dacheux et Daniel Goujon, *Défaire le capitalisme, refaire la démocratie. Les enjeux du délibéralisme*, Érès, 2020.
100. Philippe Eynaud et Genauto Carvalho De França Filho, *Solidarité et organisation. Penser une autre gestion*, Érès, 2019.
101. Elisabetta Bucolo, Hervé Defalvard et Geneviève Fontaine, *Territoires solidaires en commun*, L'Atelier, 2020.

de prises de décision qui ne soient pas uniquement investis par les mêmes catégories de personnes. C'est en ce sens, notamment, qu'Hôtel du Nord a mis en place son « école des hôtes » et fait évoluer progressivement ses statuts dans un souci de compréhension et d'appropriation par tous.

On peut faire le lien ici avec la notion de « communs de capabilité » développée par Geneviève Fontaine[102], qui permet de nommer cette gestion des communs où l'attention est portée avant tout à une accessibilité véritablement égalitaire des ressources et de la participation. Cela passe par une stratégie de capacitation (individuelle et collective) afin de travailler sur l'inclusion des plus démunis et des plus vulnérables dans les processus délibératifs.

Inspirer et fournir des outils pour de nouvelles politiques publiques

L'articulation des expériences présentées ici avec le cadre institutionnel et réglementaire dans lequel elles s'inscrivent est une question centrale. Premièrement, parce que les innovations qu'elles mettent en œuvre peuvent inspirer un enrichissement ou un renouvellement des politiques publiques, avec lesquelles elles entendent fonctionner en complémentarité. Ainsi, Terre de liens se dote d'un calculateur nommé Parcel, qui permet de visualiser le nombre d'hectares nécessaires pour se nourrir. Envisagé dans un premier temps comme outil de plaidoyer, le calculateur est désormais une application couramment utilisée par les communes et les intercommunalités pour planifier la relocalisation de leurs approvisionnements alimentaires. Cette utilisation les positionne incidemment comme aménageurs du territoire pour une décentralisation

102. À travers l'exemple de la coopérative de transition Tetris.

agricole. L'exemple italien de réappropriation citoyenne et collective des biens confisqués à la mafia a inspiré au niveau européen comme en France des législations proches, même si beaucoup de chemin reste à parcourir. Les tiers-lieux suscitent quant à eux un engouement de la puissance publique à travers la mise en place de plans de soutien spécifiques, ce qui pose d'ailleurs la question de leur capacité à préserver, dans ce contexte, l'autonomie de leur projet politique.

Cette articulation est centrale, deuxièmement, parce que des évolutions institutionnelles et réglementaires sont parfois nécessaires pour garantir la pérennité d'initiatives qui refusent de se conformer aux règles du jeu du système capitaliste dominant – à l'instar d'un amendement proposé à la demande de Railcoop dans la loi du 21 février 2022 permettant aux communes de prendre des parts dans une Scic de mobilité.

S'il est clair que toutes ces expériences citoyennes méritent d'être valorisées, renforcées et étendues[103], il est indispensable, au niveau européen comme national, de les distinguer sur le plan légal afin de pouvoir les soutenir de manière ciblée. En reconnaissant la spécificité des organisations citoyennes travaillant pour l'intérêt général, on pourrait les sortir du champ compétitif et des logiques de profit[104]. De même, il est essentiel de continuer à faire évoluer le cadre réglementaire autour de ces expériences pour valider les nouveautés dont elles sont porteuses : au niveau local, par exemple, les logiques de partenariat « public-communs » s'inspirent du mouvement des « communs urbains » et de celui des Villes en transition[105]. Elles

103. Jean-Louis Laville, Josette Combes et Bruno Lasnier (dir.), *L'Économie solidaire en mouvement*, Érès, 2022.
104. Nathalie Lallemand-Stempak et Philippe Eynaud (dir.), *Petits Manuels de la grande transition. Vers une autre gestion*, Les liens qui libèrent, 2022.
105. Le mouvement des Villes en transition est né en 2006 à Totnes, en Grande Bretagne. Initié par Rob Hopkins, ce mouvement rassemble des centaines d'initiatives dans une vingtaine de pays.

permettent de penser une cité en communs[106] dans la lignée des réflexions sur le municipalisme et l'écologie sociale libertaire[107]. Le soutien de la puissance publique est une question clé. Son insuffisance peut mettre en péril des projets : parce que des obstacles économiques ne peuvent être levés sans son appui ; ou parce que le droit à l'expérimentation et à l'ajustement, inhérent à ces initiatives, peut être fatal à des projets évoluant dans un cadre insuffisamment protégé au sein de systèmes concurrentiels féroces, faisant primer la recherche de rentabilité. Comme on le voit dans l'exemple de Railcoop, le caractère innovant de tels projets (spécificité d'une gouvernance multi-acteurs, forts besoins en capitaux, modèle à lucrativité limitée dans des secteurs concurrentiels) les rend fragiles dans un environnement favorisant le modèle lucratif dominant.

Initier des stratégies d'alliances pour la transformation sociale

À côté de la nécessaire coopération avec la puissance publique, la force des initiatives présentées ici réside également dans leur capacité à penser leur mise en réseau ou leur extension, au-delà de leur objet ou périmètre premier. Tout d'abord, ces expériences citoyennes ne sont pas uniques, elles s'inspirent d'autres modèles ou structures, et ont pu en inspirer à leur tour.

L'histoire de Railcoop peut être, pour une part, rapprochée d'autres initiatives, telle celle d'Enercoop, qui a fait le même pari sur la distribution d'électricité issue d'énergies

106. César Rendueles et Joan Subirat, *La Cité en communs. Des biens communs au municipalisme*, C & F Éditions, 2022.
107. Murray Bookchin, *L'Écologie sociale. Penser la liberté au-delà de l'humain*, Wildproject, 2020.

renouvelables. Terre de Liens s'est inspiré du modèle développé par Habitat et Humanisme pour le logement des plus démunis. Sur le terrain des coopératives numériques, les Oiseaux de Passage ne sont pas seuls: Coopcycle offre un environnement digital pour les coopératives de livreurs à vélo, Mobicoop propose aux collectivités locales des solutions *open source* pour le covoiturage.

Naissent de cette situation des dynamiques d'alliances formalisées. Les Licoornes – évoquées dans le récit sur Railcoop – rassemblent neuf coopératives de transition citoyenne qui œuvrent à développer un écosystème coopératif pour transformer l'économie capitaliste en mutualisant certains moyens, à commencer par la recherche de fonds et la communication auprès d'un large public. De même, la coopérative les Oiseaux de Passage appartient au collectif Plateformes en communs, porté par l'association la Coop des communs, qui étudie et expérimente les moyens de renforcer et d'étendre le modèle des plateformes alternatives face aux acteurs capitalistes dominants.

C'est donc une visée stratégique de transformation large de notre société, au-delà de chaque projet dans sa singularité, qui est mise en œuvre[108], dans la lignée des réflexions d'Erik Olin Wright de développement au sein du modèle capitaliste d'alternatives démocratiques, écologiques et sociales, qu'il nomme « utopies réelles[109] ». L'objectif étant, à terme, de permettre le dépassement du capitalisme au profit d'un système économique et social permettant la concrétisation, pour toutes et tous, d'un avenir soutenable et émancipateur.

108. Fanélie Carrey-Conte, « Comment accroître la capacité transformatrice de l'économie sociale et solidaire », contribution à la chaire Territoires de l'économie sociale et solidaire, 2021.
109. Erik Olin Wright, *Utopies réelles*, La Découverte, 2020.

Inventer un monde porteur d'avenir

À la confluence des champs de l'économie solidaire et des communs, se dessinent des chemins prometteurs pour des transitions écologiques, sociales et démocratiques. La plupart des initiatives décrites ici restent d'ampleur modeste. Elles ne sont pas exemptes de contradictions ni de tensions en leur sein, et ont parfois du mal à concilier leurs idéaux et leurs valeurs avec la réalité de leurs pratiques. Elles font face à des défis de taille, notamment pour déployer des modèles économiques soutenables et de long terme, réunir les soutiens et les légitimations nécessaires à leur plein déploiement. Il n'en reste pas moins qu'elles jouent un rôle essentiel et central dans la préparation d'un monde durable.

Ces initiatives témoignent en effet d'une grande faculté d'aborder des questions complexes, d'expérimenter des formes d'action collective par un processus permanent d'essais et d'erreurs, et de produire de nouvelles pratiques écologiques et solidaires. En façonnant les outils dont nous avons besoin, ces initiatives citoyennes ouvertes à toutes et à tous ont le privilège immense d'inventer un monde porteur d'avenir.

Ce pouvoir d'invention est crucial. Par leur capacité à relier entre eux les citoyennes et les citoyens, elles peuvent créer des dynamiques vertueuses, ouvrir de nouvelles perspectives en matière d'utilité sociale, et renouveler ainsi en profondeur l'action publique. Par leur capacité à délibérer, elles constituent en outre de véritables laboratoires de la vie sociale, dont les résultats peuvent être repris largement au service d'un approfondissement démocratique de l'ensemble de notre société.

Il s'agit maintenant de donner une visibilité et un soutien accrus à ces expériences citoyennes de transition, afin de favoriser la diffusion des idées et des pratiques dont elles sont porteuses. Cet ouvrage entend contribuer à les faire connaître, en aidant à dessiner les contours désirables d'un nouvel imaginaire de l'action collective.

Remerciements

Nous adressons des remerciements particuliers pour leur contribution au groupe « Communs et démocratie[110] » de la Coop des Communs, soit à Nicole Alix, Michel Briand, Maria Francesca De Tullio, Léa Eynaud, Geneviève Fontaine, Julien Lecaille, Lionel Maurel, Yvon Rastetter, Ismaël Sene et Prosper Wanner.

Les coordinateurs de l'ouvrage souhaitent enfin adresser un message particulier et leurs chaleureux remerciements à Camille Dorival pour sa confiance, son soutien et ses apports exigeants et vigilants.

Fanélie Carrey-Conte et Philippe Eynaud

110. Le texte issu des travaux du groupe : https://urlz.fr/mpHu

Merci pour leur soutien à :

Quatrième groupe d'assurances de France, **Aéma Groupe** a la volonté de s'inscrire résolument dans l'économie sociale et solidaire. À ce titre, nous sommes fiers d'accompagner le projet éditorial « Mondes en transitions ». Dans un monde où les risques deviennent imprévisibles, où des transitions majeures sont à l'œuvre, l'économie sociale et solidaire doit se doter de textes et d'une doctrine de référence, d'une analyse stratégique de notre monde, mais également se nourrir des expériences économiques et sociales qu'elle réalise pour inspirer, en actions pratiques reproductibles, l'ensemble de l'économie.
https://aemagroupe.fr

La collection « Mondes en transitions » est devenue une référence en moins de trois ans. En publiant des essais qui soulignent sa contribution à la transition sociale-écologique, elle installe l'économie sociale et solidaire au cœur du débat public. Ce faisant, elle rejoint pleinement le projet de l'**Association des lecteurs d'Alternatives économiques**, en favorisant une réflexion critique sur l'évolution économique et sociale du monde contemporain et en suscitant des initiatives pour une économie au service de l'humain. Soutenir cette collection est une évidence, alors que l'urgence du changement est de plus en plus pressante pour faire advenir une économie

autrement. Pour promouvoir ces ouvrages, l'Association organise, au moment de leur sortie, une conférence-débat visant à les faire connaître.
https://blogs.alternatives-economiques.fr/asso

ESS France – Chambre française de l'économie sociale et solidaire, qui représente les intérêts de l'ESS auprès des pouvoirs publics – est fière de soutenir la collection « Mondes en transitions ». En mettant à l'honneur des paroles diverses, de l'économiste jusqu'au militant engagé de l'ESS, cette collection constitue un espace intellectuel et de promotion précieux pour l'ESS. Les ouvrages de la collection permettent de revenir sur les nombreuses contributions de l'économie sociale et solidaire à notre contrat social, mais aussi de se projeter sur la manière dont l'ESS peut contribuer à façonner une société plus juste, durable et responsable. Ils témoignent d'une ESS déjà en action, et parfois depuis longtemps, pour incarner ses activités collectives au bénéfice des personnes, d'une performance au service de la résilience, et non du profit, et de la démocratie comme moteur principal de la décision.
www.ess-france.org

Produire et diffuser des essais accessibles sur des sujets d'actualité pour l'évolution de la société et notamment sa nécessaire transition écologique, telle est l'ambition de cette collection. Think tank de l'économie sociale

et solidaire, **le Labo de l'ESS** a pour mission de valoriser et de faire progresser ces idées et ces modèles, à partir d'initiatives territoriales concrètes. Pour sensibiliser, il cherche aussi à les relier entre elles et à une vision du monde. Soutenir « Mondes en transitions » contribue à cette ambition, en renouvelant la pensée sociale et écologique par la parole donnée à des acteurs contemporains. Le Labo de l'ESS co-organise ainsi les conférences-débats visant à faire connaître les ouvrages au moment de leur parution.
www.lelabo-ess.org

En soutenant la collection « Mondes en transitions », **Up Coop** souhaite montrer son attachement à la réflexion indispensable pour une économie plus juste, plus solidaire, qui apporte des solutions aux enjeux fondamentaux de transition auxquels notre planète est confrontée. L'ouvrage collectif *Communs et économie solidaire. Récits d'expériences citoyennes pour un autre monde* s'inscrit dans la volonté d'illustrer cette réflexion : il apporte des exemples d'expériences citoyennes abouties qui nous démontrent que les questions économiques, sociales et écologiques sont indissociables.
https://up.coop

Merci également à Olivier Legrain pour son soutien.

Mondes en transitions

Collection dirigée par Camille Dorival

Face aux crises auxquelles notre économie et notre société sont confrontées, le monde doit penser ses transitions : vers plus de solidarité, plus d'écologie, plus de citoyenneté, plus de local…

L'économie sociale et solidaire (ESS) a un rôle majeur à jouer dans ces transitions. Depuis près de deux cents ans, elle s'est montrée pionnière dans les progrès du monde. Aujourd'hui encore, elle est à l'avant-garde des réflexions et des actions nationales et locales concernant la transition écologique, la relocalisation, la participation citoyenne ou la sécurisation des parcours professionnels.

La collection « Mondes en transitions » vise à valoriser cet apport de l'ESS aux transitions du monde, mais aussi à l'affirmer comme un élément moteur de ces transformations, nécessaires à l'avènement d'un monde plus désirable.

Déjà parus :

Thierry Jeantet, *Économie sociale et solidaire : la clé des possibles*, 2021

Timothée Duverger, *Utopies locales. Les solutions écologiques et solidaires de demain*, 2021

Arnaud Lacan, *À la reconquête du travail durable. L'économie sociale et solidaire en pionnière*, 2021

Camille Dorival, *La Transition écologique ici et maintenant !*, 2021

Sébastien Chaillou-Gillette et Stéphane Pfeiffer, *Un « notre monde » est possible*, 2022

Jérôme Saddier, *Pour une économie de la réconciliation. Faire de l'ESS la norme de l'économie de demain*, 2022

Bastien Sibille et Hugues Sibille, *Être radical. Dialogue entre deux générations pour transformer l'économie*, 2022

Jean-Christophe Sarrot avec Anaïg Abjean, *Repenser l'emploi avec les Territoires zéro chômeur de longue durée*, en coédition avec les éditions Quart Monde, 2022

Robert Boyer, *L'Économie sociale et solidaire, une utopie réaliste pour le XXIe siècle ?*, 2023

Christian Oyarbide, *Réinventer le mutualisme*, 2023

Achevé d'imprimer en août 2023 par Laballery (France)
Numéro d'impression : 307320
Dépôt légal : septembre 2023